事例でわかる！ ここまでできる！

自治体の実践RPA

津田博 編著

学陽書房

まえがき

国は、「スマート自治体への転換」（自治体戦略2040構想研究会「自治体戦略2040構想研究会　第二次報告」平成30年７月）の中で、半分の職員で自治体が本来担うべき機能を発揮できる仕組みを導入し、AI・ロボティクスが処理できる事務作業はすべて自動処理することを求めています。

自治体は、国の後押しを受けながら、RPA の導入を広げています。しかし、成果を出している自治体がある一方で、よくわからない、あるいは手段であるはずの RPA が自己目的化するのではないかという懸念を持っている自治体があります。こうした疑問に応え、RPA 化の現状、効果や課題と対策を扱った書籍はありませんでした。

そこで、自治体の職員に向けて、RPA を多面的に理解し、効率的かつ効果的に展開するという狙いのもと本書を刊行することといたしました。

本書は、基礎自治体における RPA の実証実験・運用に向けて、プロジェクト等を構成し、対象業務選定からシナリオ作成、運用までの一連のプロセスに取り組む様々な事例を紹介しています。これらの事例は、RPA 化を進めるうえで課題解決となる有効な情報を提供するとともに多くの示唆を与えてくれています。

2019年10月から12月にかけて、著者が訪問ヒアリングを行った14団体（うち１団体はデジタル化事例）２グループ及び55団体のアンケート結果を収めています。大・中・小規模団体に加えて、県等による基礎自治体への RPA 共同調達の支援の例も盛り込みました。これを知ることによって、

- RPA 化以前の「業務の可視化」やデジタル化に役立ちます。
- RPA の知識ゼロから、RPA の概要、できることとできないことがわ

かります。

- RPA 化の進め方、部門間の役割分担、展開に役立ちます。
- RPA 導入に際して早期に効果を得ることと、失敗を回避することができます。

これから RPA の導入を考えている行革部門または情報部門の責任者・担当者、そして、繁閑差の大きい業務、パソコンに向かって定型業務を繰り返す業務等に従事している担当者の方々にとって、参考になれば幸いです。

本書は多くの方々に支えられて成り立っています。取材に協力いただき、原稿確認、そして庁内調整にご尽力いただいた14団体２グループの皆様、アンケートにお答えいただいた55団体の皆様に感謝申し上げます。

また、このような機会をいただいた学陽書房の宮川純一様に感謝申し上げます。

2020年３月

編著者　津田　博

目次

第2章　自治体 RPA 取組事例の紹介

第3章　RPA導入の課題

第4章　RPA導入手順

第5章　RPAツールの選定

第6章 自治体 RPA の取組実態

第1章

なぜ自治体にRPAが必要なのか

1　「スマート自治体への転換」と自治体

1　2040年構想で「スマート自治体への転換」提言

日本の高齢者人口は2040年頃にピークを迎えます。一方、2019年生まれの子どもの数が90万人を下回る見通しとなる等、少子高齢化の流れは留まるところを知りません。2040年頃は総人口が毎年100万人近く減少する一方、高齢者人口（65歳以上人口）がピークに達します。

自治体においても若年労働力の確保が困難に陥る一方、超高齢化の進行や行政需要の多様化・複雑化などによって行政需要は増大します。

自治体行政に影響を及ぼす事態・課題への対処策として、自治体戦略2040構想研究会が打ち出したのが「AI（人口知能）・ロボティクス[1]等の破壊的技術を使いこなすスマート自治体への転換」です。研究会が想定するスマート自治体の姿は、①従来の半分の職員でも自治体が本来担うべき機能を発揮できる仕組みを導入・運用する、② AI・ロボティクスが処理できる事務作業はすべてAI・ロボティクスによって自動処理するとし、すべての自治体が2040年頃までに転換することを求めています。

1　主としてRPA（Robotic Process Automation）のことを指します。

2　自治体における経営手法の導入

自治体では、業務効率化等のため、民間企業で実践している様々な経営手法を導入してきました。岩手県滝沢市は、「求める価値を戦略的に考え、行動している」レベルの取組みが認められ日本経営品質賞を受賞しました（2006年の受賞時は「滝沢村」）。千葉県松戸市は、SWOT分析を活用したBPR（Business Process Re-engineering）の取組みを全庁的に実施しています。また、活動ごとの原価を算出し分析する管理会計の一手法であるABC分析（Activity Based Costing：活動基準原価計算）の導入も一部の団体で実施されました。

こうした経営手法を取り入れた抜本的なBPRの取組みは、民間企業に比べて自治体では広がっていません。BPRにおけるICT化について、民間企業では、システム投資がコスト削減や売上増を見込める場合に実施できるのに対し、自治体は予算の範囲内でしか実施できない制約があります。総務省の「自治体CIO育成地域研修教材」[2]では「ICTシステム導入時に、事前の業務プロセスの見直し（BPR）が不徹底であったため、システムの改修費がかさみ、大規模な制度改正等への対応を難しくしている」と、課題とその背景を述べています。

2　自治体業務の可視化

1　自治体業務可視化の必要性

RPA化は、ロボットが人に代わりパソコン操作を行うことで、作業の軽減や入力ミスの防止につながり、職員はよりクリエイティブな業務に時間を割くことができる仕組みの構築であると期待されています。

しかし、どの業務にRPAを適用し、空いた時間をどの業務に従事させるか、といった具体策が示されることは稀です。業務分析ができれば、RPAの適用対象か否か、RPA以外のツールで対応すべきか、あるいは廃止すべきか、といった判断への見晴らしがよくなります。BPR

を行うためには、前提となる現状業務の棚卸しが欠かせません。

筆者が行ったRPAのアンケート調査では、RPA化対象業務の選定において、「対象業務可視化済み」を挙げたのは、55団体のうち4団体のみでした（図表6-14）。業務の可視化を難しくしている理由は、次のことが考えられます。

- 職員が自部署の業務を漫然と理解しているため、業務量の定量把握を必要としない
- 業務の可視化やBPRによって自らの業務が縮減される懸念を持つ
- 業務の時間測定は、煩わしい上に膨大な作業量になる
- 業務の可視化ができても、効率化に向けた方策を実施するための道筋が見えにくい

現在は、人手不足から人員減を考える必要がなく、業務の効率化のためにも棚卸しが必要になります。以下では、それを実施した大阪府泉大津市の事例を紹介します。

2　大阪府泉大津市の業務改革

大阪府泉大津市は、市長をトップとする行財政改革推進本部会議を中心に業務改革推進プロジェクト（総務省の平成30年度業務改革モデルプロジェクトとして実施）を全庁的に展開しました。泉大津市では、業務効率化の検討に当たっては、昨今目まぐるしく進歩するAIやRPAといったICTを活用することが重要だと判断しています。

(1)業務過多と考えられる部署の業務棚卸

本プロジェクトでは、窓口対応とデスクワークの両方を対象としており、業務過多と考えられる窓口担当部署10課と全庁的な管理事務を行っている部署2課の全12課を対象に業務の棚卸しを実施しました。対象課

2 「1-4自治体全体の課題及びICTシステムの課題認識　7．自治体ICTシステムの現状と課題」参照。

は、市民課、税務課、保険年金課、子育て応援課、こども育成課、高齢介護課、障がい福祉課、生活福祉課、福祉政策課、人権くらしの相談課、人事課、会計課です。

現行業務の現状把握に当たっては、業務マニュアル等を参考に、各課で行っている業務プロセスの仮説（たたき台）を作成し、当該仮説資料をもとに全対象課にヒアリングを行い、業務の流れや作業内容、各課が抱える課題を確認しました。また、ヒアリングで確認した業務プロセスの作業ごとに業務量や専門性の有無、業務システムや紙等の作業の際に操作・処理する媒体を把握するための調査を実施し、その結果をもとに業務時間やICT・アウトソーシングの導入可能性、導入した場合の業務量削減効果を検討しました。

図表1-1は、各事務（転入、転出等）に共通する作業レベルに分解し

図表1-1　業務量調査結果整理における作業の分類

①申請受付	申請受付／申請書類の確認等に係る事務
②相談/面談	相談／面談に係る事務
③入力	申請情報登録／結果登録等に係る事務
④確認	入力内容や出力内容の突合に係る事務
⑤帳票作成	システム等からの帳票出力／出力結果の確認に係る事務
⑥データ抽出 / 加工	対象者抽出や Excel 加工を伴う事務
⑦審査/決裁	審査、認定、選考、決裁等
⑧交付/ 通知	通知出力／封入封緘／送付等に係る事務
⑨徴収、支払	手数料徴収、市金庫収納等の現金扱いに係る事務
⑩書類整理	書類の仕分け、整理、保管に係る事務
⑪連携	庁内外からの依頼、資料受領、提出、連絡に係る事務
⑫訪問、調査	訪問準備、訪問／調査分析関係の業務
⑬統計/集計	統計資料／報告資料作成等
⑭問い合わせ	市民からの問い合わせ対応全般
⑮会議/イベント	説明会、委員会／イベント開催に向けた各種調整、当日対応等
⑯事業計画等	事業計画の立案・検討等に係る事務
⑰施設管理	設備点検、備品手配等に係る事務
⑱その他	上記①～⑰以外の業務全般（勤怠管理、旅費申請等を含む）

出所：大阪府泉大津市提供

たもので、「⑱その他」は、①～⑰以外の業務全般です。

図表1-2の業務量調査は、2018年7月から8月にかけて各業務所管課に依頼のうえ、各作業に係る業務量を割合で把握したものです。なお、筆者は図表1-2の業務時間の割合は、自治体間で大きく変わることはなく共通していることを複数団体で確認しています。

業務量調査の結果、③入力、④確認、⑤帳票作成、⑥データ抽出、⑩書類整理、⑪連携、⑬統計／集計といった事務作業が約5割と多く、①申請受付及び②相談／面談の窓口対応は、いずれの課も1～2割程度と窓口業務として役割を持つものの作業時間の割合は低いことがわかります。

また、すべての課で③入力業務は高い割合で実施していることがわかります。人事課、会計課を除く窓口業務のある10課について、窓口業務（①申請受付＋②相談／面談）と③入力を比較した場合、7課が入力の割合が高く、残りの3課（子育て応援課、福祉政策課、人権くらしの相談課）のみ窓口業務の割合が高くなっていることがわかります。ただし、窓口業務は、事務作業よりも優先されるため、事務作業が中断[3]されることになり、元の状態に戻すために時間がかかります。

訪問業務については比較的業務量の多い生活福祉課や、子育て応援課においても1割程度となっていました。

⑵コア業務とノンコア業務

正規職員が実施する必要のある業務を「コア業務」（例えば、審査があるもの、法令上の必要性があるもの、セキュリティ上必要なもの）、正規職員以外による実施について検討の余地のある業務を「ノンコア業務」（例えば、定型的業務、職員権限での実施が不要な業務等）と分類[4]

3　電話や会話で仕事がいったん中断すると、中断前と同じ状態に戻るのに21秒かかるという報告（松波晴人『ビジネスマンのための「行動観察」入門』講談社現代新書、2011年、p.161）があります。パソコン操作では、ログイン画面に戻り、再度同じ画面を呼び出すにはさらに時間を要します。

4　民間企業では、コア業務は利益に直結する業務、ノンコア業務はコア業務を支援する業務に分類しています。

図表1-2 課別 作業の分類ごとの業務量の割合

部署 年間業務量（時間）	①申請受付	②相談／面談	③入力	④確認	⑤帳票作成	⑥データ抽出／加工	⑦審査／決裁	⑧交付／通知	⑨徴収、支払	⑩書類整理	⑪連携	⑫訪問、調査	⑬統計／集計	⑭問い合わせ	⑮会議／イベント	⑯事業計画等	⑰施設管理	⑱その他
市民課 32,954時間	8.7%	0.5%	14.9%	4.6%	1.6%	0.0%	17.8%	10.8%	2.5%	1.0%	7.2%	0.0%	0.1%	0.0%	0.0%	2.6%	4.3%	23.6%
税務課 59,091時間	8.8%	0.1%	18.5%	17.0%	7.1%	7.1%	6.9%	11.3%	1.3%	2.4%	8.9%	2.6%	3.3%	0.0%	0.3%	0.0%	0.0%	4.3%
保険年金課 44,042時間	11.0%	2.5%	22.4%	10.2%	6.9%	2.9%	2.9%	14.2%	0.5%	0.4%	15.2%	0.5%	1.0%	0.6%	0.2%	0.2%	0.0%	8.5%
子育て応援課 57,228時間	9.0%	16.5%	13.7%	1.7%	6.1%	3.0%	4.1%	10.2%	0.0%	0.0%	7.1%	9.7%	4.5%	0.0%	6.7%	0.0%	0.0%	7.8%
こども育成課 29,150時間	8.0%	0.0%	10.1%	5.0%	16.0%	0.8%	9.0%	4.1%	0.0%	0.0%	8.7%	0.0%	0.0%	7.4%	15.0%	1.9%	8.5%	5.5%
高齢介護課 58,900時間	4.7%	1.6%	9.9%	7.2%	9.2%	2.1%	5.3%	5.7%	0.1%	0.6%	8.3%	4.2%	3.2%	0.4%	22.1%	0.0%	0.0%	15.3%
障がい福祉課 19,320時間	13.1%	1.1%	21.2%	7.7%	13.6%	1.4%	7.8%	10.4%	0.0%	0.0%	17.4%	0.8%	0.0%	0.0%	2.2%	0.0%	0.0%	3.4%
生活福祉課 51,602時間	4.2%	4.9%	37.4%	7.9%	6.4%	4.6%	2.5%	5.9%	0.1%	0.2%	5.8%	11.7%	1.5%	0.0%	0.0%	0.0%	0.0%	6.9%
福祉政策課 14,365時間	2.8%	11.0%	6.4%	0.0%	0.0%	0.2%	0.3%	1.3%	0.1%	0.0%	4.6%	0.1%	5.0%	7.5%	8.0%	35.2%	12.0%	5.6%
人権くらしの相談課 12,009時間	0.4%	12.4%	3.4%	0.0%	0.0%	0.0%	2.1%	0.6%	0.0%	0.0%	2.2%	0.0%	9.7%	11.3%	21.0%	20.0%	0.0%	17.0%
人事課 19,790時間	0.0%	0.1%	10.7%	4.5%	6.3%	23.6%	7.6%	2.6%	0.0%	1.0%	9.5%	0.0%	0.5%	2.2%	19.6%	1.3%	0.0%	10.2%
会計課 15,211時間	0.0%	0.0%	22.4%	7.6%	12.7%	3.9%	31.4%	0.0%	0.0%	9.8%	9.2%	0.0%	0.0%	0.0%	0.6%	0.0%	0.0%	2.4%

出所：大阪府泉大津市提供

しています。調査の結果、対象課全体で約４割がコア業務、約６割がノンコア業務との結果でした。正規職員ではノンコア業務が７割強を占めている部署が３課あるとの棚卸結果が出ています（図表1-3）。

部署によるバラツキがあるものの、大きな割合を占めるノンコア業務はできるだけ効率化し、コア業務に集中させる必要があります。泉大津市は次の結論を出しています。

業務プロセス等の可視化の結果を踏まえて、行財政改革推進本部会議において着手する業務改革の取組みの優先順位を以下の観点から決定。

① 業務量の削減効果が大きい

② 多くの課で業務量の削減が見込める

③ 他市への横展開が期待できる

a．業務量の削減効果が大きい

⇒年間業務量が72,566時間[5]と作業の分類の中で最多

b．多くの課で業務量の削減が見込める

⇒今回の対象課（全12課）すべてで一定程度実施されている

図表1-3 雇用形態別 コア業務／ノンコア業務量の割合

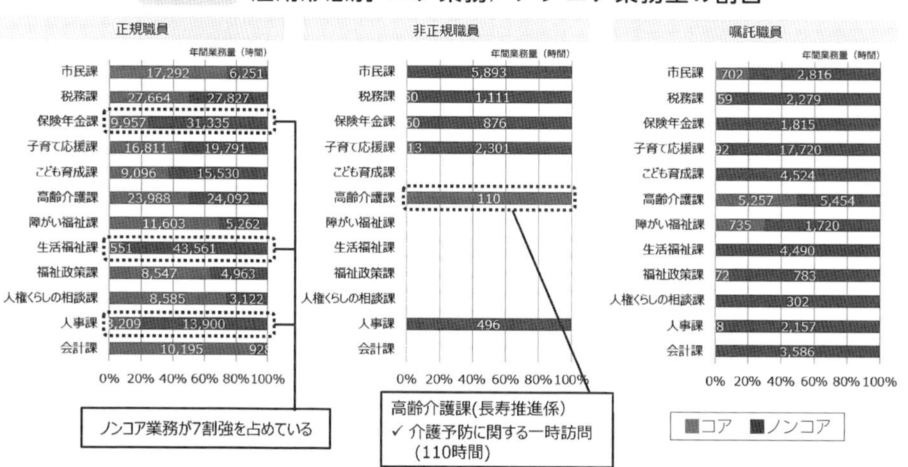

出所：大阪府泉大津市提供

5 図表1-2の12課の「③入力」に関する時間を合計したものです。

c．他市への横展開が期待できる

⇒プロジェクト協力自治体（全７市[6]）中、３市で同様の課題を抱えている。

以上により、「入力業務」を効率化することから着手することを決定。

3 デジタル化の推進

1 紙媒体からデジタル化へ

2019年５月24日に、略称「デジタル手続法」が成立しました。この法律によって、国の行政機関は行政手続を原則インターネットで受け付けるようにし、自治体には努力義務を課すものです。行政の手続きやサービスを一貫してデジタルで完結させる「デジタルファースト」、一度提出した情報は再提出不要にする「ワンスオンリー」、民間サービスを含め複数の手続きやサービスをワンストップで実現する「コネクテッド・ワンストップ」の３原則が柱です。「デジタルファースト」は、従来の紙媒体を基本とする行政の仕事を根本的に変えることで、事務を効率化するとともに、行政サービスを向上させるものです。

泉大津市の分析（図表1-2）では、入力業務に約２割の時間を取られており、そのうち紙媒体の割合が高く[7]、RPA 利用の阻害要因になっています。情報の発生から業務システムへの登録までのプロセスにおいて、紙媒体の情報をどのプロセスで文字データに起こすかによってプロセス全体の効率が変わります。

図表1-4では、データの発生から業務システムへの登録までにどのようなルートを通るかを例示したものです。①は住民が直接インターネットを介して申請するもので、例えば、eLTAX（エルタックス）があります。eLTAX による電子申告データが、直接業務システムを更新すれば、人の介在が不要となるため最も効率的です。現状は、eLTAX の利用率が低いため、紙媒体からの手入力に頼っています。

図表1-4　データの発生から自治体の業務システムへの登録まで

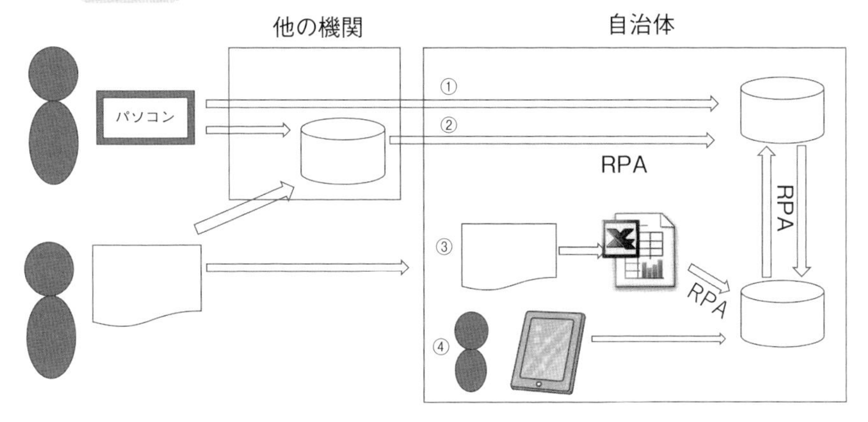

②は組織間の連携にRPAを使う例です。

③は紙媒体に記載された数項目をExcelに手入力して、それをRPAで業務システムに自動入力するものです。入力項目数が少ないにもかかわらず、業務システムの画面遷移が多いため、この方法のほうが効率的です。

④について、神奈川県鎌倉市では、「市役所窓口に設置のタブレット端末を利用して、オンライン申請をすることができます。職員がタブレット端末による顔写真の撮影を行い、申請を補助します。顔写真を撮影するので、本人に来庁していただく必要があります」(鎌倉市ホームページ)、としています。

各自治体では、様々な工夫がなされていますが、最も効率的なのは住民による入力になります。

2　大阪府四条畷市の取組み

「日本一前向きな市役所」を掲げる四條畷市は、市民サービスの向上

6　大阪府門真市、交野市、柏原市、四條畷市、貝塚市、阪南市、岡山県玉野市。

7　複数の自治体職員に紙媒体の割合を尋ねたところ、6割から7割、あるいはそれ以上との認識でした。

及び行政手続の効率化をめざし、様々な取組みを展開しています。「全国で唯一」としているオンラインを活用した職員採用試験（１次・２次面接はオンライン、３次面接は対面）では、時間や場所を問わず受験が可能となり、応募者が10倍に急増しました。住民からの情報提供はLINEを使って受け付けることとし、道路の陥没情報等の提供をスマートフォンで写した写真を受信することで、住民、市役所とも利便性が向上しました。2018年６月に発生した大阪北部地震においては、この道路情報提供の仕組みを活用して、住民が危ないと感じるブロック塀の情報提供をしてもらう取組みもしました。

窓口業務では、「全国初！　住民票の写し交付申請のオンライン受付に係る実証実験を開始」とし、株式会社グラファーと連携して、実証実験を開始しました。新規性については、類似業務に、「住民票オンライン申請」（対話アプリ上でのオンライン申請及びLINE Payによる決済のみに対応）はありますが、ホームページからのオンライン申請及びクレジットカード決済ができるのは本取組だけになります。

⑴住民票の写し交付申請のオンライン受付業務

住民票の写し交付申請は、図表1-5のとおり、これまで住民票の写しを入手するためには、自治体の担当窓口に出向き交付を受けるか、郵送

図表1-5　郵送による住民票の写し交付申請（郵送による受付とオンライン受付の比較）

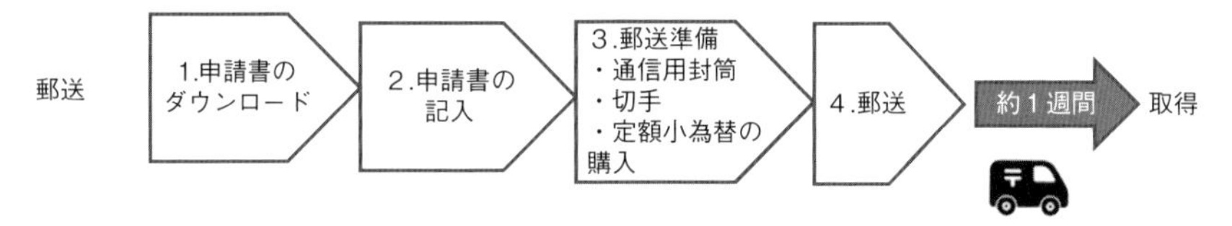

図表1-6　オンライン受付による住民票の写し交付申請

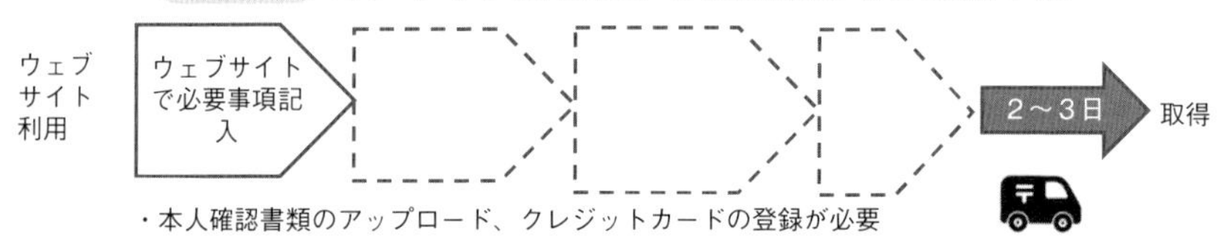

での請求手続きが必要でした。郵送請求の場合、交付請求書、運転免許証の写し等の本人確認書類、手数料分の定額小為替、切手を貼った返信用封筒といった様々な書面等を用意し、自治体の担当窓口へ送付する手間がかかっていました。

オンライン受付では、四條畷市の公式ホームページ上に「Graffer®フォーム 住民票請求 四條畷市公式版」へのリンクを設置し、請求者は専用サイトからオンラインで住民票を請求し、クレジットカードで手数料を支払うことで、様々な書面等を用意することなく、郵送で住民票の写しを受け取ることができます（図表1-6）。手数料の決済はクレジットカードを利用して行うことができ、徴収した手数料は株式会社グラファーから四條畷市に入金されます。四條畷市担当課職員は、「Graffer®電子申請」の業務処理画面に情報系PCシステムからアクセスし、証明書のオンライン申請受付業務を行うことができます。

市にとっては、郵送書類の開封作業や定額小為替の換金をする必要がなくなるので、住民の利便性向上だけでなく、職員の業務効率化や働き方改革につながることも期待されています。実証実験の途中経過は、オンライン受付の件数が2019年11月時点で８月の実証実験開始から21件（本人申請のみが対象）となり、同期間の全体の件数1,530件（本人申請のみならず、司法書士等が代理で申請する場合を含む）と単純に比較することはできないもののまだ少なく、今後の展開が期待できます。

⑵ ICTを活用した保育施設等入所事業（予定）

同市では、2021年度以降に申請から通知までの工程を一気通貫で行うことを目的とした「保育施設等における入所選考等の効率化」を予定しています。

市内14園の保育所に約延べ400人の応募があり、図表1-7の業務を行うことで、現状2,952時間かかっています。入所選考における一連の業務にシステムを導入することにより、486時間と84％の削減を見込んでいます。削減時間2,466時間のうち、入所選考AIによる削減が690時間、その他システム化等により削減が1,776時間と見込んでいます。

現状の入所選考業務は、次の４つの工程に分けることができます。

① 保護者が申請書を記入して、市に持参または郵送します。そして、市では紙媒体の申請書を見てシステムに入力します。

② 市は、保育施設等に電話にて受け入れ人数の確認を行います。

③ 市は保護者の希望や種々の条件を確認して、申請内容と受入人数を突合し、手作業により選考作業を行ったうえでその結果をシステムに入力します。

④ 決定通知を保護者に郵送します。

図表1-7　保育施設等における入所選考業務（現状）

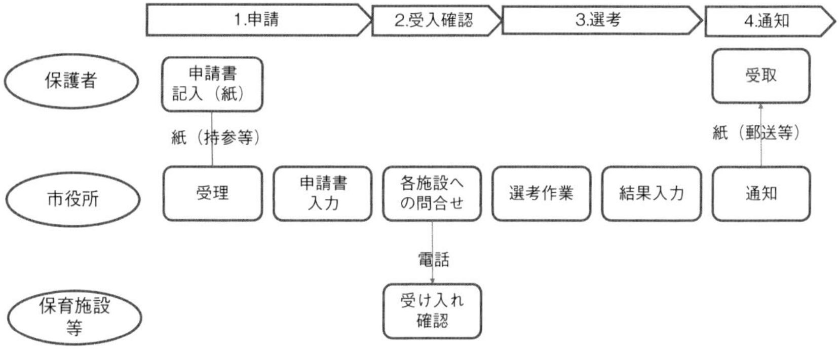

1.申請
2.受入確認
3.選考
4.通知
保護者
市役所
保育施設等
申請書記入（紙）
紙（持参等）
受理
申請書入力
各施設への問合せ
選考作業
結果入力
通知
電話
受け入れ確認
受取
紙（郵送等）

図表1-8　保育施設等における入所選考業務（オンライン申請及びAI）

1.申請
2.受入確認
3.選考
4.通知
保護者
市役所
保育施設等
申請書記入
オンライン申請
受理
申請書入力
各施設への問合せ
選考作業
AIの活用
結果入力
通知
オンライン確認
受け入れ確認
受取
オンライン通知＋紙

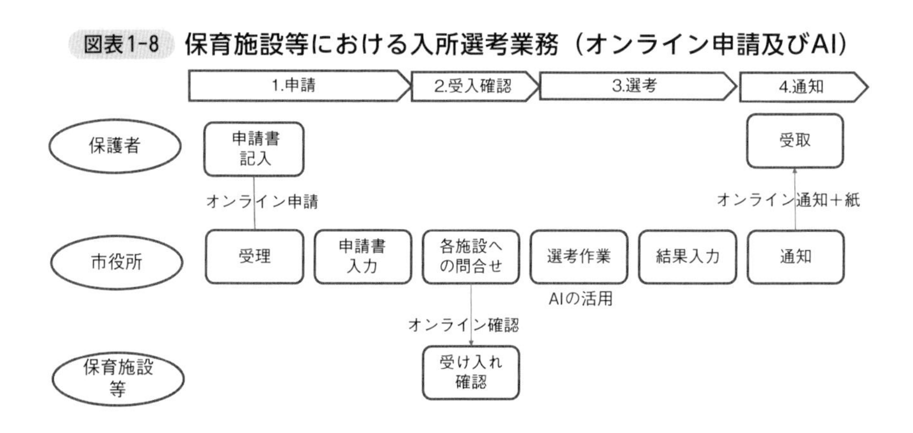

図表1-8は、保護者からはオンラインで申請を受け付け、保護者へはオンラインメールで結果の通知を行います。そして、市役所と保育施設等との間の受け入れもオンラインで確認します。市役所は、オンライン申請により、入力等の事務作業の軽減につながり、選考作業はAIで行うことで、大幅な業務効率化が期待できます。

3　大阪府泉大津市の取組み（予定）

泉大津市もデジタル化への取組みを進めています。転入や転出などのライフイベントに必要な手続きを案内できる、WEB手続きガイドを試行的に開設しています。スマートフォン等を使って、必要な手続きの担当課や持ち物を案内することで、市民の利便性向上と電話や窓口での問合せの削減ができるか検証していきます。

さらに今後の展開としては、手続きに必要な申請書はスマートフォン等を使って作成できる環境を整備し、作成した申請書の情報をQRコード化します。市役所でそれを読み取り、申請書を出力するとともに、申請書の情報を、RPAを使って自動入力することで業務の効率化が図れるかの検証を行う予定です（図表1-9）。

図表1-9　泉大津市デジタル化の事業概念図

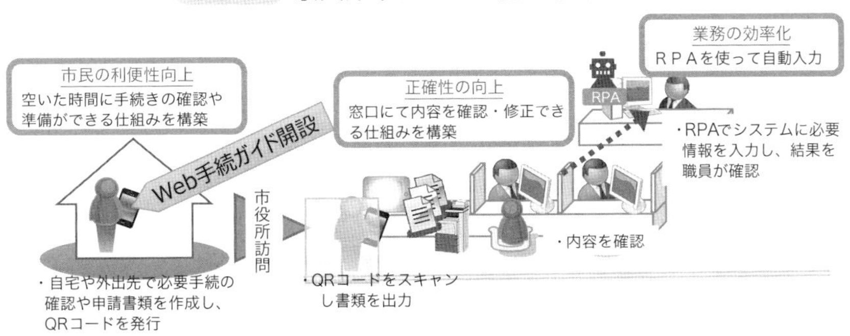

出所：大阪府泉大津市提供

4 RPAの仕組み

1 RPAの概要

RPAとは、人間がコンピュータ（以下、パソコン）を操作して行う作業を、ソフトウェア（プログラム）による自動的な操作によって代替するという概念であり、実現のための道具をRPAツールといいます。RPAツールを使って、パソコン操作の作業手順であるシナリオを作成・編集します。作成したシナリオを実行すると、あたかも誰かがパソコンを操作しているような感じに見えます。その「誰か」は、ロボット[8]という用語やそれを表現するイラスト（図表1-10）から、形のあるロボットをイメージすることがあるようです。

RPAのロボットは、駆動系[9]のないソフトウェアで、「ソフトロボ」「ソフトウェアロボット」とも呼ばれています。ロボットが指示するアクションは、マウスでカーソルを動かしてクリック、キーボードの特定のキーを押下、画面の特定の項目上で［Ctrl+C］を押下してコピー、［Ctrl+V］を押下してペースト、といったキーボード操作を行うことです。これらは、業務視点では、次のように表現できます。

- 検索：キー項目にキーを指定して入力対象となる画面を表示させる
- 入力：画面の各項目にデータを入力
- 登録：画面の「登録ボタン」を押下
- 審査：２つのファイル間でのデータの整合性確認

図表1-10 RPAの様々なイメージ

出所：総務省「地方自治体におけるAI・ロボティクスの活用事例」の図から切り取り

- 情報収集：業務システムの特定の画面や特定のサイトの特定の情報を収集
- メール送信：特定の対象者を抽出し、定型文を送信
- ログイン：ログイン画面にユーザID、パスワードを設定してクリック

シナリオは、検索、入力、登録の各作業を繰り返し実行する処理があれば、それを登録して作成します。

2　つなぐ役割として利用

同じ端末上に、AシステムとBシステムの両方にアクセスする権限を持つ職員が、Aシステムにある特定の項目をBシステムに手入力しているとします。データを連携する仕組みがないために単純で面倒な作業に時間が取られます。RPAはこうしたニーズに応えています。

RPA化することで、人の介在を必要としない自動処理ができます。ロボットの操作は、Aシステムにログインし、特定の画面を検索し、その中の特定の項目内容をコピーします。次にBシステムにログインし、入力すべき項目にペーストします。このように、RPAは、AシステムとBシステムを「つなぐ」役割をしているといえます。

つなぐことを必要とするケースに、①外部の組織と自治体それぞれがシステムを運用している場合、及び②同じ自治体内であっても別に運用している場合があります。①は他組織との関係もあり、1自治体だけの要望でシステムを変更するのは困難です。②はカスタマイズを必要とし、経費が嵩む場合があります。事業者にとっては、多くの団体から共通する機能改善（システム間連携等）が求められることで、次期バー

8　ロボットの定義は種々ありますが、経済産業省「ロボット政策研究会 報告書」（2006）では、センサー、知能・制御系、駆動系の3つの要素技術を有する知能化した機械システムとしています。

9　ただし、熊本県荒尾市が運用しているRPAは、封入封かん機能付きプリンターを稼働させていますので、駆動する機械と組み合わせることは可能です。

ジョンアップ時に、データ連携機能が追加されます。この機能追加により、ＡシステムとＢシステムをつなぐ役割をしていたロボットの役割は終えます。

バージョンアップによりつなぐ役割を不要とするケース、制度改正により新しくつなぐ仕組みを必要とするケースがあります。変化の激しい現状から鑑みて、RPA に対するニーズはますます広がっていくと考えます。

3　業務システムとの違い

一般的に RPA を含む ICT は、情報部門が中心になって、あるいは大きく関与して導入します。RPA の特徴は、業務所管課が中心になって進めるケースがあるだけでなく、議会事務局や労働組合[10]も前向きに扱っています。以下では、ソフトウェアとしての RPA の特徴についてプラスとマイナスの両面を説明します。

① RPA はプログラミングの経験がない職員であっても、研修受講や自己学習、OJT（On-the-Job Training）により、簡単なシナリオなら作成することができます。業務フローを変えずに、自ら行っている作業の一部を代替することができるため、取り組みやすいといえます。

② RPA は、パソコン操作を代替するものですから、業務システムそのものに影響を与えず、既存システムに変更を加えることなく運用することが可能になります。一方、新しい機能を業務システムに追加した場合、業務システムの変更にあわせて、シナリオのチューニングが必要になります。画面レイアウトの変更等の影響により RPA が止まる場合があるためです。例えば、画像認識型の RPA ツールの場合、RPA に事前登録されている画像と業務システムの画像が異なれば、認識することができなくなります。

③ 人は業務システムから出されたワーニングに対して適切に対応す

ることができますが、ロボットはできません。業務システムがワーニングを出す条件を把握したうえでシナリオを作らなければ、ここでも止まる可能性があります。業務システムは人が操作をすることを前提に作られているためです。

④ 複数の自治体が同じ業務システムを動かす場合、基本的な導入環境が同じならば同じように動きます。しかし、ロボットは、同じ業務システム、同じ操作であっても動く場合と動かない場合があります。操作するパソコンのスペックやネットワークの違いが、応答時間の違いをもたらし、例えば、画面のページ表示が終わる前にロボットがデータを入力しようとして止まることがあるからです。

4 ほかの技術との比較

(1) Excel マクロとの違い

Excel マクロも RPA もパソコン上の操作を自動化するという点では共通しています。

Excel マクロは、Excel に標準装備されているもので、複数の手順を記憶し、自動的に実行させる機能を持ちます。Excel マクロでは、表やグラフの作成、フォームの作成等ができます。VBA（Visual Basic For Application）を使用すれば、条件によって作業を変えるような複雑な業務もこなします。それだけプログラミングスキルも同時に要求されます。

RPA 推進担当職員は、RPA ツールのほうが簡単と見なしている人が多数ですが、同等とみなす人もいます。その理由は、RPA は複数の業務システムにアクセスするため、それらを知らなければ、品質の高いシナリオを作るのは難しいという認識があるためです。

---

10 長崎市議会事務局「行政事務における AI、RPA の導入について」、『調査資料報』（2019.9）p.40-83 及び日野麻美「AI と RPA の各業務への積極的導入：東京都港区の働きやすい職場づくり（特集 AI・RPA と自治体職場）」月刊自治研61(720)、p.41-45（2019.9）自治労サービス

⑵ AIとの比較

総務省の「地方自治体における業務プロセス・システムの標準化及びAI・ロボティクスの活用に関する研究会」等、AIとロボティクスを並列に記載する例が多く見られます。両者の共通点はソフトウェアであること、業務の効率化に資する道具であることです。相違点について、技術は全く別のもので、使い方も異なります。RPAはルールが明確な単純作業を自動化するのに対して、AIはあいまいな事象から近似値を算出するものです。

したがって、RPAは処理結果に対する人の確認は不要ですが、AIは一般に必要になります。RPAは短期間に普及していますが、AIはいかにして誤差を少なくするか等に力を注いでおり、普及には時間を要します。例えば、「AI-OCRの精度向上」だけでなく、「Webを使ったAI-OCRはセキュリティ上の懸念があるため、LGWAN-ASPでの稼働に限定される」といった課題認識があるため、一層の研究が必要になります。

5 RPAの投資効果

1 RPAの投資効果

RPAの導入可否を決定する重要な要因に費用対効果があります。地方自治法第２条に、「最少の経費で最大の効果を挙げるようにしなければならない」と定められており、費用に見合う効果を得ることができるかどうかが、RPA導入可否の決定要因になります。しかし、RPAを含めたICT化は、投資とその効果の因果関係に必ずしも明瞭な客観性があるとはいえません。

予算化のプロセスは、予算要求部署が費用対効果を示すことになります。予算要求部署は、情報部門が単独で行う場合が多く、行革部門や業務所管課が行う場合もあります（図表6-7）。情報部門の予算要求に当たっては、対象業務がどの程度増やせるか、といった見込みを考慮して財務部門との協議に臨みます。そのとき、費用対効果測定の困難性を共通認識として、ICT 投資に対する効果を定量的効果と定性的効果に分けて整理する方法が従来から行われてきました。

各自治体は、これまでの手作業と比較して自動化により削減した作業時間を定量的に把握することで評価しています。現在は慢性的な人手不足ですので、工数削減金額は、増員をしなくて済む人員の人件費として金額を評価することができます。しかし、費用対効果の優れた業務はすでに ICT 化しているため、RPA は小さい業務時間の削減効果にならざるを得ません。一定量以上の処理件数がなければ、目に見える効果を算出することができないため、小規模団体では、費用に見合う効果を創出することは困難になります。したがって、定性的効果を含めた効果把握が検討されています。

以下では、RPA がもたらす効果の扱いについて検討していきます。

2　作業時間削減効果

RPA 導入に要する費用は、① RPA ツールのライセンス費用、②シナリオの作成費用（業務フローの作成等を含む）、③運用保守費用に分けられます。②は初期費用、①と③は継続的に発生する費用です。加えて RPA ツールの学習費用や業務見直しに係る職員の人件費が必要になります。ここで、③の費用は、システム環境の変化によるシナリオの修正等が突発的に必要になる場合があります。

効果について、１件当たりの処理時間に処理件数を乗じて削減時間を計算し、それを人件費換算して表すことができます。

人件費は各団体によって幅があり、年額500万円としている団体、800万円としている団体など様々です。内訳についても保険料や退職引当金等を含むかどうかによって変わってきます。ここでは、時間単価を簡単に計算できる年額を仮設定して、費用と効果の分岐点となる削減時間を算出することにします[11]。

- 年間勤務時間：1800時間
- 人件費：540万円／年
  （1時間当たりの人件費 =540万円÷1,800時間 =0.3万円）
- RPA ツールのライセンス料：90万円／年
- シナリオの作成時間：100時間（職員が作成と想定）
  経費：90万円＋100時間×0.3万円 =120万円
  必要な削減時間：120万円÷0.3万円 =400時間

上記計算では、費用に見合う効果を出すには、年間400時間以上の時間削減が必要といえます。小規模団体において、年間400時間の時間削減効果を出すことは、簡単ではないようですが、次に述べる波及効果の価値を重視しています。

3　効果の波及

波及効果（図表1-11）は、「手が取られない」「ミスの削減」「早い」といった直接的な効果（図表6-21）だけでなく、BPR（本書 p.10参照）の契機になるという効果があります。

人口規模5万人未満の大阪府熊取町では、RPA の導入効果を、「RPA 導入の可否を検討するに当たって、一部の業務でプロセスを見直すきっかけになった。本当に必要な作業なのか、RPA でなくとも別の方法で効率化できるのでは、と検討する機会づくりにつながった」としています。これは、小規模団体に限らず、自治体全体を通じていえることで、RPA 化の前に BPR をすることが重要な観点になります。

これまで、制度改正等のために ICT 化する場合、規模の大きい業務を中心に行ってきました。職員の行う詳細な業務は、EUC（End User Computing）化で対応することや「運用でカバー」といった事業者との合意から、システム構築の俎上に上がらず、運用を担当者に任せてきたと

図表1-11　RPA化による効果の波及

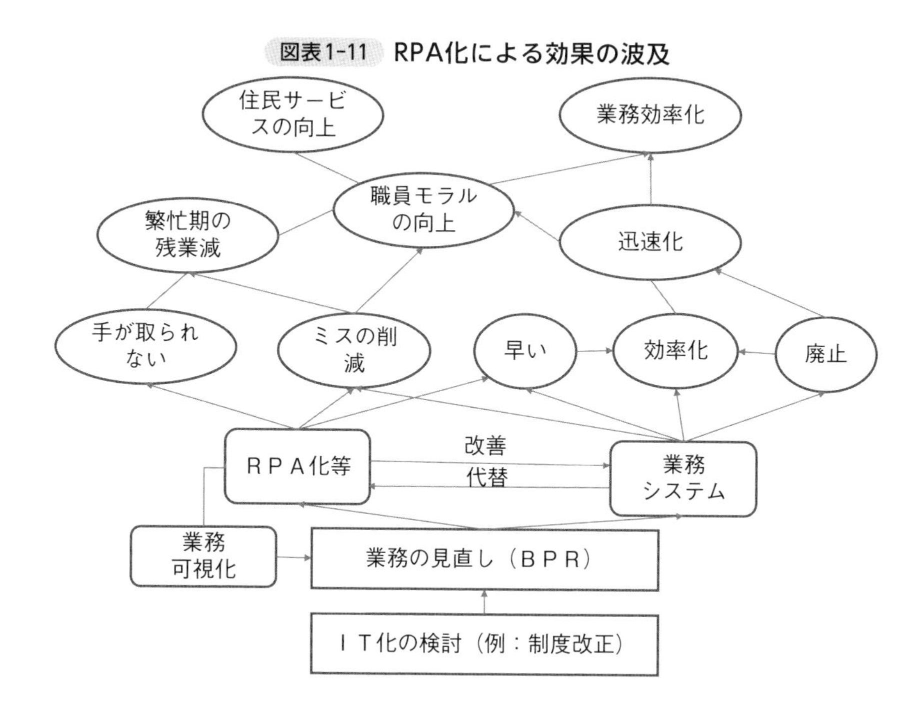

いえるのではないでしょうか。結果として、業務を可視化して見直すというBPRは見過ごされてきました。そうした中、RPAは、担当者の詳細な業務に組織として関与できる道具を得たと考えることができます。

4　RPA投資マネジメント

RPA化は短期的な費用対効果の評価だけでなく、RPA化の検討段階における業務の可視化、そして業務の見直しが期待できます。つまり、業務をモニタリングして、継続的に改善するという、「RPA投資マネジメント[12]」といった概念で捉えることができます。RPA投資マネジメン

11　仮に設定した数値によるシミュレーションです。実例は、本書の図表2-22にあるほか様々な団体が公表していますので、それをご参照ください。

12　この概念は、「松島桂樹（1999）『戦略的IT投資マネジメント』白桃書房」を援用しています。

トは、計画と実行をPDCA（Plan-Do-Check-Action）プロセスの実施、すなわち継続的改善によるものとして図表1-12でイメージできます。PDCAを回す対象は、デジタル化とRPA、それにBPRの相互作用と考えることができます。デジタル化がRPA化を進め、それがBPRの契機になるからです。ここで、PDCAサイクルを回すのは、効率化マインドと呼ぶべき、組織や人の熱意によるところが多いと感じています[13]。

この RPA 投資の PDCA サイクルを回すことで、費用に見合う業務効率化の効果を得ることができるものと考えます。

図表1-12　RPA投資マネジメントイメージ図

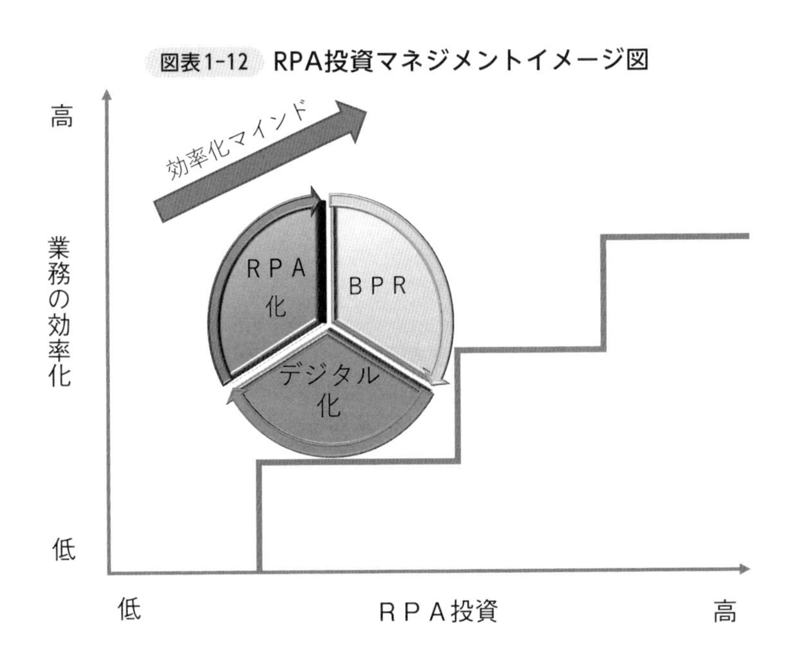

13　RPA化対象業務の選定では、業務所管課職員の熱意で決定した、との声を多く聞きました。アンケートでも同様の結果になりました（図表6-14参照）。

第2章

自治体RPA取組事例の紹介

1　革新自治体の取組み

RPAの導入開始は、2016年に発生した熊本地震を背景に、熊本県宇城市が総務省の2017年度の「業務改革モデルプロジェクト」の枠組みを使って実証実験を実施したことにはじまります。さらに、茨城県つくば市は「働き方改革」の手段として、自治体のRPA活用推進に向けた共同研究をNTTデータと2017年12月から2018年4月にかけて行いました。その後、宇城市は2019年4月からふるさと納税や職員給与など6業務で、つくば市は2018年から個人住民税・法人市民税などの業務で本格導入しています。両自治体の導入成果は、全国の自治体に広がる契機となりました。

2　先進自治体13団体及び2グループの取組み

先進的にRPAに取り組む自治体は、挑戦と工夫により、様々な知見を創出しています。以下に13団体2グループの取組みを紹介します（図表2-1）。

図表2-1 先進自治体13団体及び２グループの特徴

団　体　名	人　口	特　　徴
1　福岡県福岡市	1,595,365	BPR を見据えた RPA の推進
2　東京都八王子市	562,596	情報化計画に基づき情報部門主導で推進
3　大阪府東大阪市	494,606	１業務で1,000時間超の作業時間削減を見込む
4　大阪府枚方市	401,320	情報部門主導による推進
5　愛知県一宮市	385,188	５つの RPA ツールを使用
6　滋賀県大津市	343,779	デジタルイノベーション戦略の一環
7　東京都港区	260,646	10,000時間の作業時間削減を見込む
8　東京都東村山市	151,133	業務所管課主導による AI-OCR・RPA の活用
9　大阪府泉大津市	74,548	業務改革の一つの手段としての RPA 化
10　熊本県荒尾市	52,258	印刷から封入・封かんまでの一連の業務を夜間に自動実施
11　大阪府熊取町	43,684	他団体との共同実証実験が RPA 化の契機
12　福岡県須恵町	28,734	業務所管課によるシナリオ作成
13　滋賀県竜王町	11,988	システム間をつなぐ仕組みの必要性から実証実験開始
14　共同　富山県自治体クラウドグループ		自治体クラウド９団体の共同調達検討開始
15　調達　ふくおか電子自治体共同運営協議会		５団体５RPA ツールの実証性評価

（注１） 八王子市、東村山市、竜王町、枚方市、熊取町、須恵町、荒尾市は2019年11月30日の人口、港区、一宮市、大津市、東大阪市、泉大津市、福岡市は2019年12月１日の人口です。
（注２） 表の15団体のうち４団体は、付録のアンケート集計対象の団体と重複しています。

1　福岡県福岡市の取組み

福岡県福岡市は、働き方改革推進のための業務効率化等を目的に、RPA ツールを活用することとしました。「福岡市データ活用推進計画」(2019年６月）においては、「事前に業務のワークフローを整理する必要があるため、機をあわせて、業務の見直しや合理化を行うことに留意します」と BPR にも言及しています。

2018年７月から８月にかけて、市庁内業務への RPA 導入可能性を検証するため、５業務を対象に、民間事業者と共同で実証実験を行いました（図表2-2)。

図表2-2　福岡市のRPA実証実験対象業務

業務名 業務内容	作業時間削減見込み（年間） 削減率（%）
ふるさと納税関連業務	127.5
インターネットサイトからの寄付申込みデータの取得や、会計システムを使用した寄付金の入金処理、返礼品の支払い事務を自動化	51.4
庁内照会関係事務	45
全庁的な照会事務において、メールの送受信、添付ファイルの保存・集約等の作業を自動化	100
市ホームページへの掲載事務	144
市ホームページ作成システムを使用した資料掲載作業等を自動化	60
システムへのデータ入力（税務）	58.3
市税総合システムへのデータ入力作業等を自動化	70
電子申告の審査・印刷業務	146
eLTAXを使用した電子申告の受付・審査事務や印刷作業を自動化	100

RPAツールはWinActorを利用し、一部は業務委託を想定して事業者が作成し、一部は職員の内製を検討するため、総務企画局ICT戦略室の職員が研修を受講した上で作成しました。

導入可能性の検討結果、5業務合計で年間約520時間分の事務軽減効果が見込めることが明らかになったことから、2019年度から本格導入に着手し、2020年度以降もRPAの導入事務を拡充する予定です。

なお、実証業務の対象とした業務については、実証実験後の業務見直しによりRPAが不要となった業務や、ほかの手法により効率化が実現できた業務等があり、5業務のうち2業務を2019年度に本格導入しています。

2　東京都八王子市の取組み

(1) RPA実証実験の経緯

東京都八王子市は、八王子市情報化計画（計画期間：2018年度～2022年度）にICTの活用や情報セキュリティ対策の強化といった基本方針を示し、それに紐付く重点目標として「新たな技術による業務効率化」を掲げています。具体的な施策を「業務の自動化（RPA）」とし、「RPAの導入により、毎日、毎週、毎月、毎年といった一定のサイクルで繰り返す定型業務を、ソフトウェアで自動化することができます。RPAの効果として、業務時間の短縮、処理精度の向上及び夜間や早朝など時間を問わず実行可能な点をあげることができます。市役所には、まだシステム化されていない定型業務があるため、RPAの活用により業務効率化を図ることができます」としています。

この計画に基づいて、RPAの実証実験が2018年度に開始されました。2018年12月に庁内説明を実施したところ、49課からの参加があり、翌2019年1月にRPA化対象業務を募集した結果、36課105業務の応募がありました。2019年度に5課で導入及び約20課で実証実験を行い、2020年度以降、導入所管課及び業務を拡大し、更なる業務効率化を推進していく予定です。

⑵ RPA対象業務

2019年度に導入した業務は、定型単純業務で規則性があり、効率化の見込める5課20業務を選定しました。作業時間の削減は合計約1,000時間を見込んでいます。ほかの効果として、人的ミスの削減や単純作業から解放されることで、企画立案等に注力できることを挙げています（図表2-3）。

⑶シナリオの作成

RPAツールは、導入所管課拡大を想定し、端末に依存しないフローティングライセンスの提供形態を持つNEC製RPAツールを指定して調達しました。2019年度は5課での利用のため、安価な端末依存型ライセンスを使用していますが、2020年度以降は、サーバでライセンス認証を行うフローティングライセンスに切り替え、課を超えてライセンスを共有する予定です。

実証実験では、業務所管課職員が約90％にのぼる数のシナリオを作成

図表2-3　八王子市のRPA化予定業務例

業務内容（所管部署）	業務の特徴（注1）	RPAの処理区分（注2）			件数（年間）	削減時間（年間）
		操作	入力	出力		
①　ふるさと納税ワンストップ特例のシステム入力（住民税課）	繁閑差 単純	○	○		15,000	125
②　主治医意見書依頼書のシステムからの発行（介護保険課）	単純			○	27,048	60.2
③　児童手当の増額申請のシステム入力（子育て支援課）	繁閑差 単純	○	○		1,500	59.42
④　現況届のシステム入力（保育幼稚園課）	繁閑差 単純		○		12,000	100
⑤　ユーザー登録申請に基づくアカウント登録及び権限付与（情報管理課）	繁閑差 単純	○	○		1,329	105.66

しました。シナリオの作成は容易にできるという実体験から、今後とも業務所管課で作成する予定です。シナリオ作成経験者が増加するため、一層の効果が期待できるとしています。

3　大阪府東大阪市の取組み

大阪府東大阪市では、情報部門担当者の発案で2018年度よりRPA化の検討が開始され、2019年7月には実証実験がはじまりました。

成果が実証された業務に、市民生活部医療保険室資格給付課の「国民健康保険高額療養費支給異動入力業務」があります。年間42,000件の入力作業を効率化し、1,120時間（削減率78％）の時間削減効果を見込んでいます。

当該入力業務における情報発生までの流れは次のとおりです（図表2-4）。①市民（患者）が病院等を受診、②病院等で発生するレセプトデータは国保連合会を経由して市が受信します。市はそのデータに基づき、③対象となる市民（患者）に対して、高額療養費支給申請に関する

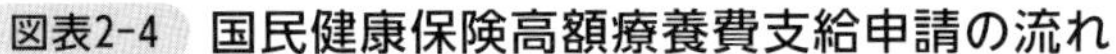

図表2-4　国民健康保険高額療養費支給申請の流れ

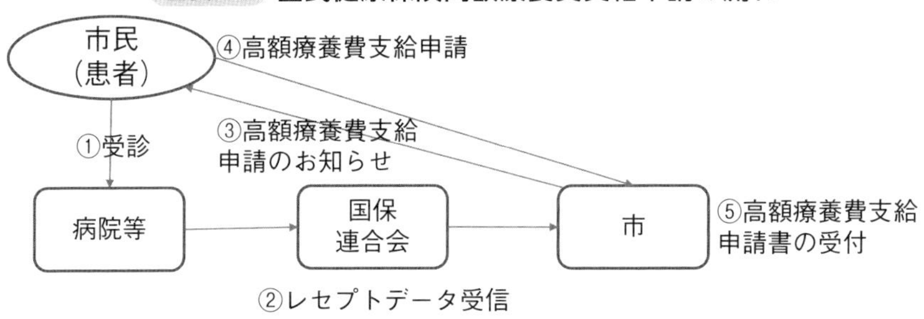

お知らせをします（勧奨通知）。④市民（患者）は、市に対して高額療養費支給申請を行い、⑤市は、郵便または窓口にて申請を受け付けます。

国民健康保険給付システムの入力に先立って、高額療養費支給申請書（紙）から「償還受付簿」（Excel）を作成します。Excel に入力する項目は、受付日、診療月、記号番号（７ケタ）、支給金額[1]、支給月、支給日の６項目です。従来は、「償還受付簿」から手作業で国民健康保険給付システムに入力していたものを RPA 化により自動化することができました（図表2-5）。RPA のシナリオは、業務所管課を中心に、WinActor を使って作成しています。

RPA 化の効果は、従来の１件２分かかっていた作業が不要になり、４～５名で実施していた作業が１名で可能になったことです。ここで、自動化できない約２割はイレギュラー対応のため、手入力は残っていま

図表2-5　RPA 導入前後の国民健康保険給付システムへの入力業務

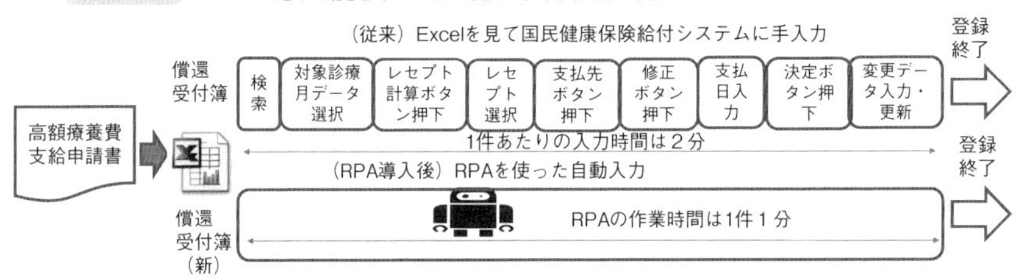

す。

東大阪市では、この業務以外に、子育て支援課の「請求書印刷、請求金額確定」「認定保育園への加算認定」等のRPA化を予定しています。

4 大阪府枚方市の取組み

(1)枚方市のRPA導入

大阪府枚方市では、働き方改革への対応や業務の効率化を目的に情報推進課を中心にRPA化に取り組んでいます。2018年８月から９月にかけて、60を超える部署に対してRPAの動きがわかる動画等を示すなどして説明を実施しました。同時に、RPA化を募集し、導入効果の高い業務を選定し、各課にヒアリングを実施しました。

2018年10月から11月にかけて、図書発注業務、軽自動車税業務、財務会計システム入力作業についてRPAを構築し、同年12月以降に検証し、導入に至りました（図表2-6）。当初の３業務の効果が見込めたため、2019年度に入ってから全体説明会を行い、2019年３月からは対象業務の拡大を図ることができています。

年間削減時間の大きい２件の業務概要は次のとおりです。

① 軽自動車税の登録は、従来、申告書（紙）等をもとに、手作業で

図表2-6 枚方市のRPA化運用業務例

試行・運用等	所管部署	業務名	RPA処理区分		年間削減時間
			入力	印刷	
運用	市民税課	①軽自動車税の登録をシステムへ入力	○		960
運用	図書館	②本の在庫確認、発注	○		600
運用	情報推進課	③請求書の金額を財務会計システムへ入力・印刷	○	○	60
運用	子育て支援室	④保育所利用料の納付書印刷	○	○	30
運用	国民健康保険室	⑤賦課納付書の印刷等	○	○	360

1 RPA化に伴い追加されました。

税システムに廃車登録していたものを、地方公共団体情報システム機構の検査情報システムから抽出したデータより届くデータをロボットで取り込む処理です。

② 本の発注は、市民から受け付けた1日当たり200冊の予約のうち40～50冊のリクエスト図書購入の発注処理です。図書発注プロセス（在庫→調査・確認→発注）のうち、RPAで自動化できる発注処理が対象になります。「購買サイトを検索→見計らい分か在庫があるかを調べ購入決定した分を購買サイトに入力→業務システムに発注データを登録」の手作業5時間を3時間に短縮できます。また、見計らいで購入した分の業務システムに発注データを登録する手作業が週に2時間程度削減できます。なお、この間、職員はパソコンの画面を注視することなく、別の作業も行えます。

⑵シナリオの作成

情報推進課では、情報担当職員として入庁した6名が在籍しており、そのうち4人がシナリオ作成をすることができます。採用したRPAツールであるWinActorを自己学習によりマスターし、業務を推進しています。WinActorを採用した理由は、2018年当時日本語対応ができていたためです。

シナリオ作成については、対象業務の選定後は、情報推進課が業務所管課が行う作業を見て確認し、必要なヒアリングを行い、RPAを適用する部分についてスクリーンショットを取って、早ければ1週間程度以内に開発します。

また、枚方市は、RPA導入を推進するため、一般社団法人コード・フォー・ジャパンが実施するプログラム「地域フィールドラボ」を2018年度に活用し、富士通株式会社から職員1名を研修生として受け入れました（3カ月間、週2日程度）。

5　愛知県一宮市の取組み

愛知県一宮市では、定型的な業務の多い市民税課の職員の発案によりRPA化の導入検討が始まりました。市民税課の４つの業務を対象に実証実験をしたところ、４業務とも成果を確認することができたため、すべて本番に移行しました。同時期に、市民税課以外への展開を情報推進課が中心になって進めています。各業務所管課の内製化により、2019年度は17程度の業務がRPA化される予定です。

⑴市民税課のRPA化

市民税課が実施主体、情報推進課がアドバイザーとなり実証実験が開始されました（図表2-7）。2018年４月から５月に電算業務を委託している複数事業者から参加を募り、５社４グループで実証実験を開始しました。委託先名と委託している業務システム名は次のとおりです。

- 富士通株式会社：総合行政システム（基盤・住基・戸籍・国保・介護）
- 日本電気株式会社：統合内部情報システム（文書管理・財務会計）
- 株式会社日立システムズ：総合行政システム（市税・収納・滞納管

図表2-7　市民税課のRPA化（実証実験及び本番稼働）

業務名	作業時間（年間）		データ件数（年間）		RPAツール利用料（繁忙期のみ）		事業者名（「株式会社」を省略）
	現状	RPA導入後	繁忙期	年間	期間（月）	金額（注）	
①　年金情報異動入力	240	48	1,900	1,900	6	911,430	富士通
②　特別徴収異動届入力	592	398	6,600	18,000	6	864,000	日本電気
③　年度切替処理入力	201	53	4,000	4,000	2	291,600	日立システムズ
④　事業所税申告書入力	15	6	40	90	1	97,200	アイネス・三菱総合研究所
合　計	1,048	505				2,164,230	

（注）　金額は、消費税（８％及び10％）を含みます。

理）

- 株式会社アイネス・株式会社三菱総合研究所：総合行政システム（福祉・事業所税）

対象業務の選定は、データ量が多い定型作業を抽出し、そこからより効果の見込める業務を選定しました。いずれもシステムへの入力業務です。

どの事業者がどの業務を担当（業務分析、シナリオ作成、実証事件の評価）するかは、基本的に、入力対象となる業務システムを構築した事業者が担当（図表2-7の③④）し、残りの２業務（図表2-7の①②）は、市民税課と事業者とで調整しました。

実証実験の結果、いずれの業務も作業時間の削減が見込まれるため、2019年２月から本番に移行しています。ここで、RPA ツール間の比較はしていませんが、いずれの RPA ツールでも効率化を図ることができています。

税務処理は、繁忙期があるため、毎年１月～６月はパート職員10人、１月～５月は派遣職員８人の協力を得て業務を実施しています。RPA 化により、2019年４月～６月は２人減の人員で消化できました。

⑵ RPA 化前後の業務内容

４つの業務の RPA 化前後の業務内容はそれぞれ次のとおりです。

図表2-8　年金情報異動入力の RPA 導入前後のフロー

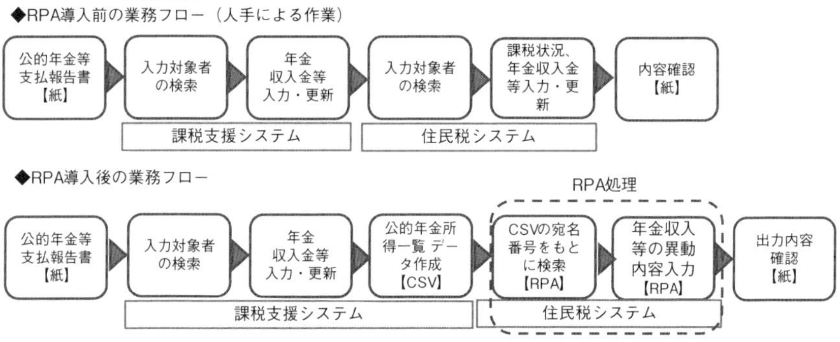

◆RPA導入前の業務フロー（人手による作業）

公的年金等支払報告書【紙】 → 入力対象者の検索 → 年金収入金等入力・更新 → 入力対象者の検索 → 課税状況、年金収入金等入力・更新 → 内容確認【紙】

課税支援システム　住民税システム

◆RPA導入後の業務フロー

RPA処理

公的年金等支払報告書【紙】 → 入力対象者の検索 → 年金収入金等入力・更新 → 公的年金所得一覧データ作成【CSV】 → CSVの宛名番号をもとに検索【RPA】 → 年金収入等の異動内容入力【RPA】 → 出力内容確認【紙】

課税支援システム　住民税システム

①年金情報異動入力

市民の年金収入に変更があった場合等、年金の異動情報を業務システムに登録し、更正処理を行う業務があります（図表2-8）。通常、当初の年金金額情報は地方税ポータルシステム（以下、「eLTAX」）から電子データとして送られてきますが、金額に変更があった場合、日本年金機構から紙で「公的年金等支払報告書」が郵送されます。

実証実験では「公的年金等支払報告書」の情報に基づく異動情報の登録作業を対象としました。年金の異動情報を登録する業務システムは、課税支援システムと基幹系である住民税システムがあります。住民税額の入力内容の正確さを担保するため、課税支援システムへの入力後に住民税システムへの入力を行っており、現状では毎月、両方の業務システムに入力作業が通年で必要となっています。ロボットは、一度入力したデータを活用し、二度目を入力するシナリオとしました。なお、RPAツールは「FUJITSU Software interdevelop Axelute」を用いています。

②特別徴収異動届入力

特別徴収異動届とは、従業員の退職などの理由により給与の支払を受けなくなった場合に、事業所が市町村に提出するものであり、この提出を受けることで、住民税の納付方法が変更されるものです。この情報は、地方税法で定められた様式により、郵送で提出される紙と、eLTAXから送られてくるデータの２種類があります。データは、業務システムから法定様式により印刷され、すべて紙の異動届から納付方法変更のオンライン入力をしています（図表2-9）。情報の発生時期は、退職や転勤が多い３月～６月に年間届出数の半数が集中し、住民税賦課の繁忙期と重なっています。

ここでは、OCRソフト（FormOCR）とRPA（NEC Software Robot Solution）を使って、紙の届出書をOCRソフトでデータ化し、ロボットが住民税システムに自動入力する業務フローとしています。

ただし、OCRによる文字情報のデータ化は想定したほど作業時間の

図表2-9　特別徴収異動届入力のRPA導入前後のフロー

◆RPA導入前の業務フロー

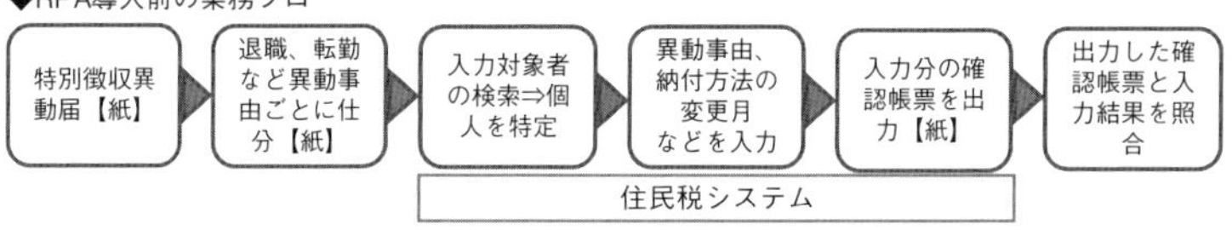

◆RPA導入後の業務フロー

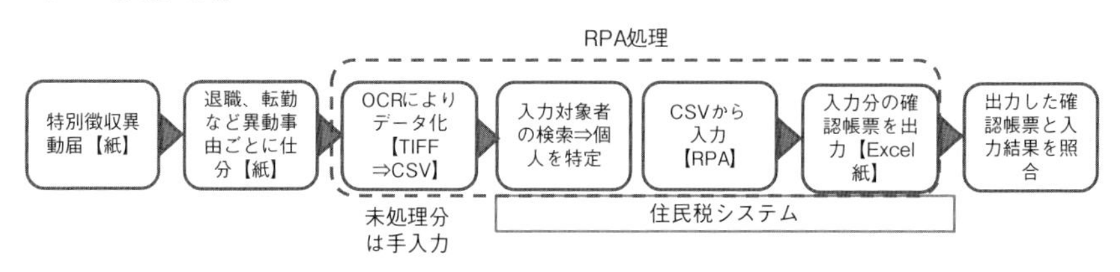

削減に寄与しませんでした。理由は、事業者が独自に作成した届出書が40％を占めており、読み取り位置が固定できず読み取れなかったこと、OCRでの読み取りを前提とした帳票レイアウトでなく、記入欄の幅が狭いことなどが原因です。なお、読み取り率向上の手段として、AI-OCRの導入も検討する予定です。

③年度切替処理入力

異動届は、繁忙期の一定期間（2019年は4/12～5/25）において、現年度分の入力後に翌年度分や課税支援システムにも入力が必要な場合があり、下記のとおり、１件の異動届に対して最大三重のオンライン入力が発生します。

- 現年度入力：住民税システムに、異動事由、異動年月日、徴収済額、徴収済月などの項目
- 翌年度入力：住民税システムに、異動事由、異動年月日、徴収済額（０円固定）、徴収済月（00固定）などの項目
- 課税支援システム入力：課税支援システムに、特別徴収区分、メモ情報などの項目

三重入力の手間を省くために、RPA（UiPath）では、一度入力したデータを活用し、ロボットが二度目、三度目の入力をすることで対応し

ています。

④事業所税申告書入力

納税義務がある法人から提出される申告書の大部分は紙媒体で受け取っていますが、約10%の法人がeLTAXを活用して申告を行っています。事業所税については、eLTAXで申告する法人が少ないこともあり、事業所税システムにeLTAXデータを連携する機能がなく、eLTAXシステムで照会した申告書を紙媒体に出力して、それを見ながら申告書入力画面から手入力を行っています。

RPA（ipaS）化では、eLTAXから出力したCSV形式の申告書ファイルをロボットによって、事業所税システムに申告書を入力する手作業の部分を自動化し、作業の効率化を図っています。

これまでは、eLTAX経由の申告書をeLTAXから①紙に出力、②事業所税システムに手入力（申告入力）し、①で出力した申告書と②で入力した事業所税システムの申告書画面を見比べて入力結果の点検を行い、調定額を管理していました。

RPA化後は、eLTAXから事業所税システムに自動入力する仕組みを構築し運用しました。しかし、対象件数が少ないことなどもあり、思ったような効果は得られませんでした。

⑶他部署への展開

市民税課の成果を受けて、情報推進課は他部署への横展開を開始しています。業務所管課を対象にWinActorの研修を実施したところ、業務所管課職員が、「シナリオ作成は十分可能」と認識したことを契機に、内製によってRPA化を進めています。WinActorの開発版３ライセンス、実行版４ライセンスを調達し、2019年度中に17業務を予定しており、2020年１月の執筆時点で３業務が稼働しています。

そのうちの１つに契約課の共通消耗品の払い出し請求の運用変更があります（図表2-10）。従来消耗品の払い出し請求（紙）の各項目をAccessに人手で入力していたものを、請求者がExcelに入力すれば、

図表2-10 共通消耗品の払い出し請求のRPA導入前後のフロー

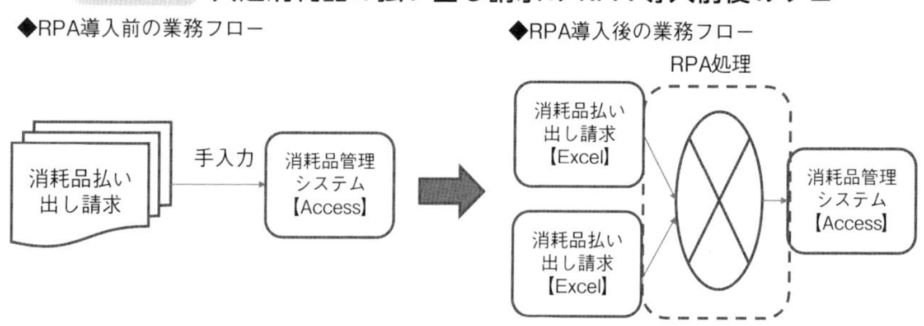

ロボットが庁内ネットワークからExcelデータを収集してAccessに自動入力するシナリオを作成しています。

BPR（Business Process Re-engineering）の具体例といえます。

⑷業務システムとシナリオの関係

一宮市の特徴的な取組みは、４業務をそれぞれ異なる事業者がシナリオを作成し稼働していることです。本書p.39の図表2-7の①②は、業務システムを構築していない事業者によるシナリオ作成、同③④は、業務システムを構築している事業者によるシナリオ作成です。前者の場合、業務システムにおけるワーニング出力パターンが把握できず、発生の都度シナリオに処理を組み込む必要があります。

業務システム構築事業者以外の者によるシナリオの作成は、非効率にならざるを得ません。そもそも業務システムは、人がシステムに入力することを前提に設計・構築されているため、人に対するワーニングメッセージが多く、ロボットに待ち時間が発生するなど、処理速度は人が処理するのと時間的には変わらない場合があります。

業務システム構築事業者は、職員が行う運用を十分に把握していないことがよく見られます。結果としてパッケージソフトの業務へのきめ細かさが考慮されておらず、そのため、従来は求めに応じて独自運用部分をカスタマイズしていました。今後のパッケージソフトの導入時には、独自運用部分にRPAツールを適用することで、カスタマイズの抑制が可能、としています。

6　滋賀県大津市の取組み

滋賀県大津市は、デジタルイノベーションの実現を目的とし、2019年3月に策定した「大津市デジタルイノベーション戦略」を推進しています。当該戦略に基づく事業に「全庁の全ての業務について、AIやRPA、ネットワーク無線化など先端技術を活用する」ことを表明しています。

RPAの実証実験は、首長と情報部門が同時期に検討の必要性を認識したところから始まりました。若手職員が中心となり、行政相談に自動対話ロボット（チャットボット）を活用することや、市民からの申請書類を電子化することで、関係書類を自動的に処理してシステムへの入力まで行うRPA（ロボットによる業務自動化）の導入を発案しました。

2019年度のRPA導入対象業務は、庁内業務の運用方法と他団体のリサーチ結果、前年度の実証実験結果から次の３業務を選択しています（図表2-11）。

年間削減見込み時間が、約400時間の臨時・嘱託職員の勤務報告作成

図表2-11　大津市のRPA導入対象業務

所管部署	業務名／業務内容	処理サイクル／件数	削減時間／年間／削減割合
人事課 教育総務課 （予定・試行）	臨時・嘱託職員の勤務報告作成	月次	約400
	勤務報告書のExcelファイルから実績値を自動的に庶務事務システムへ入力する。	28,800	44%
市民税課 （運用中）	給与所得者異動届出書入力処理	随時	約250
	給与所得者異動届出書を自動的に市税業務システムに入力する。	10,000	50%
保険年金課 （検討中）	医療費支給申請書の入力処理	随時	検討中
	医療費助成業務における、医療費支給申請書を自動的に福祉総合システムに入力する。	12,000	検討中

図表2-12　臨時・嘱託職員の勤務報告作成の業務フロー（RPA 導入前後）

◆RPA導入前の業務フロー（人手による作業）

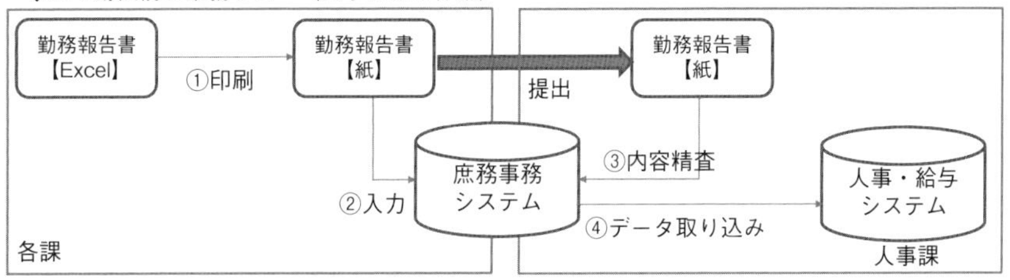

◆RPA導入後の業務フロー

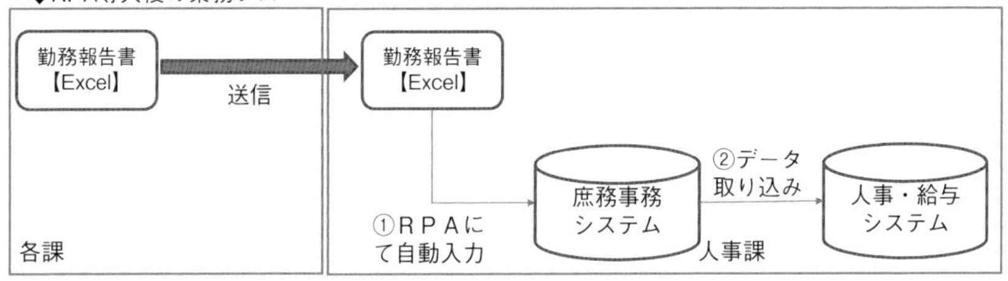

（注）　勤務報告書は実勤務、年休、欠勤等を管理する「勤務報告書」と時間外勤務を管理する「時間外勤務報告書」の２種類があります。

について、RPA 導入前の業務プロセスは次の通りです（図表2-12）。

①勤務報告書（Excel）を各課が印刷し、人事課に送付するとともに、②庶務事務システムに入力します。③人事課は受け取った勤務報告書が正しく庶務事務システムに入力されており、勤務報告書と時間外勤務報告書が整合している場合は、④人事・給与システムにデータを取り込みます。精査の結果、毎月2,400枚程度の処理を行う中で、40〜50枚の誤りを発見します。人事課は各課に連絡し、正しい勤務報告書の再提出と入力訂正を依頼します。各課は速やかに正しい勤務報告書（Excel）を作成します。同様の処理を繰り返して業務を完了させます。

なお、RPA ツールは当初 FUJITSU Software interdevelop Axelute と UiPath（クライアント型）を使って実証実験を行いましたが、2019年度からの本番運用では UiPath（クライアント型）のみを使うこととしています。

7　東京都港区の取組み

⑴ ICT 必要性の背景

東京都港区は、人口が増加し続けており、2027年ごろには30万人に達する（2019年11月時点で約26万人）と予測されています。2018年の合計特殊出生率は1.39と23区の中では中央区に続き２位です。港区の特徴は、①在日大使館や外資系企業が多く、外国人居住者の人口が約８％を占め、②昼間人口は94万人を超えていることです。（2015年国勢調査）

全世代にわたる人口の増加に伴い、子育て・福祉・教育分野などあらゆる区民サービスにおける質・量の向上が求められています。今後も増大する行政需要に対応するため、ICT を活用した区民サービスの向上は喫緊の課題となっています。

⑵ ICT 化の経緯

港区では、「港区情報化計画」に基づき、2018年を「港区 AI 元年」と位置づけ、区民サービス向上と働きやすい職場づくりに向けた業務効率化のため、AI や RPA の導入を推進すると表明しました。

AI の活用事例として、約130か国の外国人居住者に対する区民サービスのため、生活に関する行政情報の問い合わせに英語及び「やさしい日本語」で自動回答する AI チャットボットサービスのほか、議事録自動作成支援、保育施設入園選考の AI マッチングなどを運用しています。

RPA 導入に向けた実証実験の開始は、他団体の事例がほとんどなかった2017年春頃に遡ります。検討を重ねた結果、同年11月から、人事課において超過勤務が多い職員を抽出し、その上司に通知を送付する業務で実証実験を開始しました。成果は、①人手で約２時間かかっていたものが自動化により15分ででき、②チェック体制が従来の２人１組から職員１人で十分となり、業務負担の軽減と正確な事務の執行につながりました。こうした成果を得ることで、RPA の全庁への展開を推進することができました。

港区では、管理職や業務所管課に対して研修を行うことで職員の

ICT リテラシー向上を図っています。また、業務所管課に対して、AI、RPA が適用可能かどうかの調査を実施することで、各課において自らの業務を点検する環境が醸成されていると思われます。

⑶対象業務の選定とシナリオ作成

ICT の推進に中心的に取り組んでいる情報政策課が業務所管課に対して RPA 化の要望を全庁的に調査したところ、約50業務の RPA 対応要望が寄せられました。調査にもとづいて業務所管課に個別にヒアリングを実施し、2019年９月までに９業務において導入を実施しました。

業務の処理件数（ロット）や作業時間削減などの費用対効果だけでなく、正確な事務処理により適正な事務執行を確保するという点も業務選定の要素としています。港区ではシナリオ構築を業務委託として外注しており、ヒアリング結果から事業者は構築にかかる費用を算出し、区は設計内容や見積もり金額の妥当性等を評価した上で発注します。また、委託には業務の棚卸しや効率化の提案等のコンサルティング業務も含まれています。

なお、シナリオ作成は個人情報保護の観点及び区のシステムへデータを入力する業務が多いことから、事業者が業務所管課の執務室に出向いて、業務所管課のパソコンを使って行います（図表2-13）。

シナリオ作成後は、適正に構成管理を行うため、ドキュメントとして業務フロー図や操作マニュアル等を作成します。RPA は複数のアプリケーションをまたいだ処理を行うことができる特徴がありますが、シナリオは個々人の知識・経験に依存しがちになる傾向もあります。こうした属人化を避けるため、ドキュメント化することを必須としています。

⑷ RPA の運用事例

図表2-14のとおり、2019年９月までに９業務で運用されています。いずれの業務も作業時間の削減と人為ミスの防止を目的とし、処理サイクルは随時処理になります。１番目の業務は前述した人事課の一部業務になります。

図表2-13　シナリオ作成に関する関係部署と関係

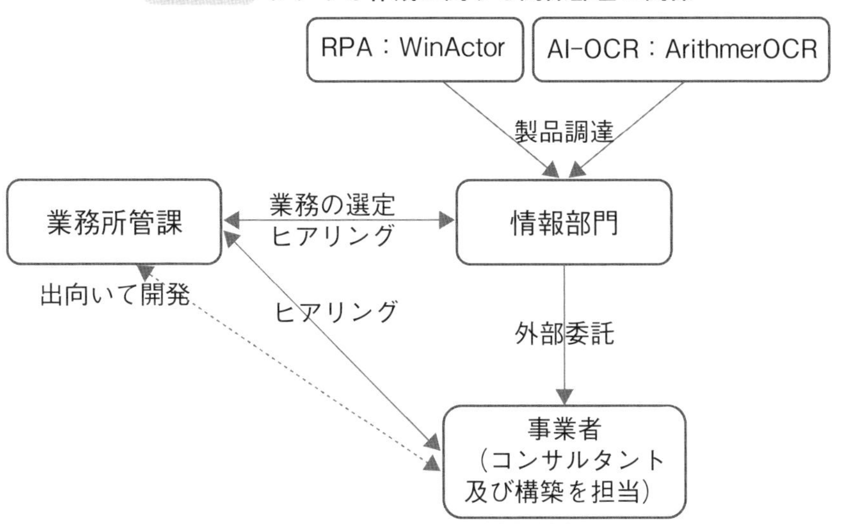

図表2-14　2019年９月までに運用が開始された９業務

業務内容（所管部署）	RPA の処理区分（注）					削減見込み時間（年間）
	操作	入力	出力	メール	HP	
①　職員の超過勤務に関する管理業務（人事課）	○	○	○			50
②　産前産後家事・育児支援サービスの申請受付処理業務（子ども家庭支援センター）	○		○	○	○	300
③　公会計システム向けデータ作成業務（会計室）	○	○	○			180
④　コミュニティバス乗車券発行申請業務（区民課、高齢者支援課）	○	○	○			900
⑤　職員の出退勤管理業務（人事課）	○		○	○		1000
⑥　保育園入園業務（区民課、保育課）	○	○	○			250
⑦　契約業務（契約管財課）	○					275
⑧　児童手当業務（子ども家庭課）		○	○			1400
⑨　介護保険審査業務（介護保険課）	○	○	○			1200

（注）　RPA 処理区分：【操　作】データ操作（コピー＆ペースト、加工、修正）
【入　力】入力・登録
【出　力】出力・印刷（PDF 化を含む）
【メール】メール作業（受信、仕分け、保存、送信）
【ＨＰ】ホームページの検索・照会

２番目の産前産後家事・育児支援サービスの申請受付処理業務は、区民からの電子申請を事前の登録情報と照合した後、ヘルパーの派遣要請の依頼書作成と派遣元の事業者へ送付する一連の作業で年間約1,400件の申請があり、RPA 導入により年間300時間の削減を見込んでいます。

３番目の公会計システム向けデータ作成業務は、会計室において財産台帳等を公会計システムに取り組むための CSV 作成業務で、年間180時間の削減を見込んでいます。この業務は、短期間に集中して処理をする必要性から残業を余儀なくされていましたが、改善されました。

４番目の区のコミュニティバス「ちぃばす」の無料乗車券（妊産婦、身体障害者、70歳以上の高齢者等）の申請業務は、利用者から受付けた手書きの「港区コミュニティバス乗車券発行申請書」を AI-OCR によってデータ化し、RPA を使ってシステムに入力する業務です。AI-OCR と RPA の活用により、年間900時間程度の業務量削減を見込んでいます。AI-OCR の文字認識については今後も AI 学習を行い、文字の読み取り精度の向上に取り組みます。

図表2-14の９業務の合計年間削減時間は約5,500時間になります。港区では、今後も RPA の導入を進め、シナリオ構築中の業務を含めると、年間削減時間10,000時間を見込んでいます。この10,000時間は、港区全体から見てごく一部業務の RPA 化効果に過ぎず、さらなる展開が期待されます。

8　東京都東村山市の取組み

東京都東村山市は、2017年度から働き方改革に着手し、業務の効率化に取り組んでいます。2018年10月には全庁的なワーキンググループ「働きやすい職場環境づくりプロジェクトチーム」の設置に伴い、「クイックスタートチーム」として課税課職員２名がプロジェクトに参加し、個人市民税に係る業務の自動化に向けて取組みを行ってきました。RPA を用いた課税業務の見直しは、他自治体等でも進められていますが、課税所管課主体でAI-OCRを組み合わせた業務の自動化は全国初の事例と見られます。

⑴課税課職員による「異動届出書処理業務」自動化の経緯

自動化の経緯は次の通りです。

- ～2018年10月頃　各種展示会やセミナーに課税課独自で出席、情報収集
- 2018年10月　庁内に「働きやすい職場環境づくりプロジェクトチーム」が発足
  ⇒クイックスタートチームに課税課、子ども育成課、情報政策課が選出
- 2019年１月～２月　各サービスの価格や特徴などの情報収集
  調達方法の検討（各関係所管と調整）
- 2019年２月～３月　審査内容や方法を決定し、指名型プロポーザル方式（RPA）及び特命随意契約（AI-OCR）により業者・調達内容の決定[2]
- 2019年４月　各選定業者と契約（情報政策課）
- 2019年４月下旬～５月　エンジニアによるRPAのシナリオ作成委託
  ⇒委託期間終了後は、課税課職員にて適宜シナリオ調整
- 2019年５月下旬～６月　「異動届出書処理業務」にRPAを本格導入スタート
  （約1,200件処理し、約40時間の処理時間削減）

2　RPAツールは、WinActor、AI-OCRは、京都電子計算株式会社が、株式会社Cogent Labsの提供するAI技術を活用したAI-OCRサービス「AI手書き文字認識サービス」を利用しています。

⑵特別徴収の異動届処理業務について

「特別徴収に係る給与所得者異動届出書」は、事業所における従業員に異動（転勤・退職・休職等）が生じた場合、税の徴収方法を変更する（徴収先の変更、一括徴収、個人納付等）ため、課税されている自治体に提出することになっています。提出は、専用用紙の郵送若しくは電子申告（eL-TAX）による方法が選択できます。市の職員は事業所から郵送される異動届出書を基に内容の精査・確認を行い、基幹システムの個人データに手作業で必要事項を入力して徴収方法の変更等を行っています。電子申告の場合は、紙に一旦出力したうえで異動処理を行います。

東村山市では年間約9,000件の届出があり、年度替わりの４月～６月にかけて、毎月約1,000件弱の処理を手作業で行っており、職員の負担となっていました。このAI-OCR・RPAの導入により、2019年５月下旬～６月に約1,200件の処理を行い、約40時間の処理時間を削減することができました。

AI-OCR・RPA導入前の業務フローは、図表2-15のとおりです。事業所から異動届出書を受け付けた後、種類ごとに整理仕分を行います（工程１）。職員Aは、異動届出書を基に内容の精査を行い、記載内容に誤りがないか、基幹システムの個人データを目視で確認し、異動届出書に修正・補記を行います（工程２）。次に別の職員Bが修正・補記された異動届出書を見ながら手作業で基幹システムに必要事項を入力し、徴収方法の変更等賦課データの更新を行っています（工程３）。

図表2-16は、AI-OCR・RPA導入後の業務フローを示したものです。

図表2-15　AI-OCR・RPA 導入前の業務フロー（紙の異動届出書）

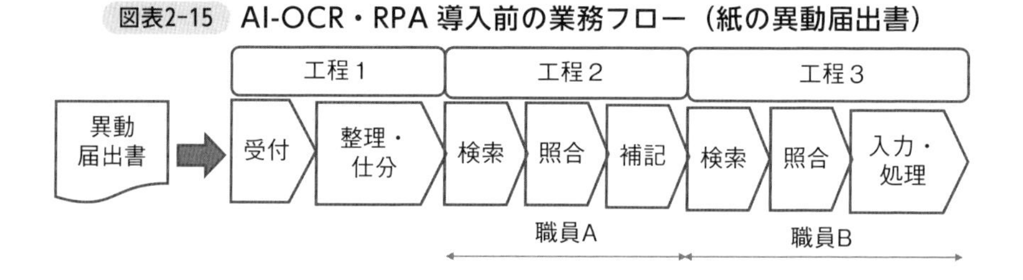

図表2-16　AI-OCR・RPA導入後の業務フロー（紙の異動届出書）

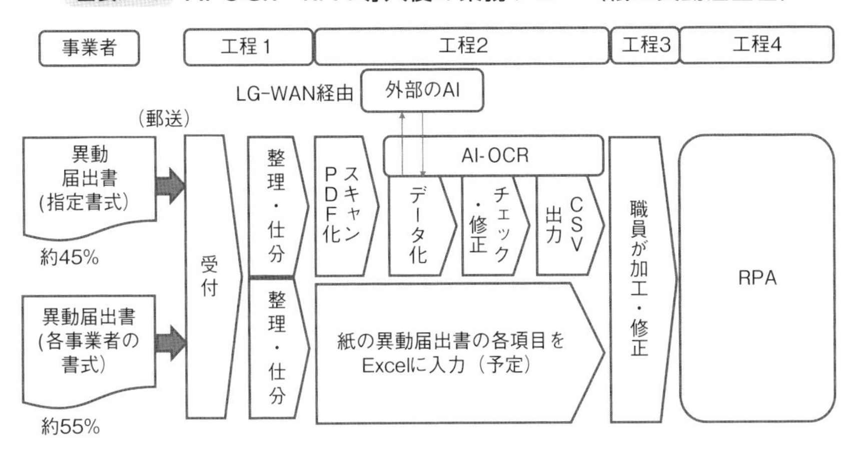

異動届出書の書式は、市が指定書式として提供するものと、事業者が独自に作成して提出するものがあります。AI-OCRに読み込ませるためには、各事業者独自書式を登録する必要があるため、市が提供する書式のみ対象としています。今後、事業者独自書式に対する異動届出処理は、手作業でExcelに入力してデータ化し、RPAの処理にて基幹システムに自動入力する予定です。

市が提供する書式に記載された文字をAI-OCRを使ってデータ化し、RPAにて自動処理する流れについて説明します。工程1は導入前と同じですが、その後受け付けた異動届出書はスキャナーでスキャンしPDF化します。スキャンデータはLG-WANを経由して外部のAIエンジンで文字認識され文字データ化されます。そして、市の端末に戻されたデータに誤りがあるかどうかを職員が確認を行い、誤りがなければCSVファイルに出力します。

正しく認識する割合はおおむね90%程度です。そして、AI-OCRから出力されたCSVファイルと基幹システムの個人情報を職員が全件照合し、RPA処理を行っています。この照合方法は、システムからダウンロードしたデータをExcel上に収容し、照合キー（氏名＋事業所番号等）を設定することで、目視での照合を容易にしています。

⑶ RPA のシナリオ作成

RPA のシナリオの作成については、初期開発を事業者に委託し、運用開始時点で職員が引き継ぎました。ところが、運用を開始するとエラーが頻発しました。理由は、シナリオ作成を事業者に委託するに当たって、基幹システムへの入力条件や処理判断の対応（エラーにするかワーニングにするかなど）について密なコミュニケーションができていなかったことが挙げられます。そこで、引き継いだ後、職員が自らシナリオを修正することになりました。

⑷改善点と今後の展望

特別徴収の異動届出書の事業者への配布は、紙から「入力可能なExcel（PDF）」に変更し、市のホームページからダウンロードできるようにしました。活字で印字されたPDF の異動届出書が市に届くようになったことで、AI-OCR による文字の認識率が高まりました。

特別徴収の異動届出書処理業務への導入を皮切りに、他業務へのRPA 化の展開も行っています。2019年11月から市・都民税申告書の入力業務が、2020年１月から新規事業所登録業務が稼働しています。

ここで、RPA 等の導入による効果は、作業時間の削減としている自治体が多く見られますが、対象業務によっては作業時間削減の観点のみでは予算要求が難しい場合もあります。東村山市では、働き方改革の一環で、育児や介護のある職員などの多様な働き方が求められることや、変化する市民ニーズに対応するために、この AI-OCR・RPA をひとつのツールとして導入しています。

9　大阪府泉大津市の取組み

⑴大阪府泉大津市の現状と課題

大阪府泉大津市は、現在、類似団体に比べて一般行政部門の職員数が約25％少ない状況にあります。また、今後、生産年齢人口の減少に伴いさらに職員数が減少していくことに危機感を持っています。泉大津市では、市民サービスの維持・向上のために、職員が職員の担うべき業務に注力できる体制を構築することが重要と判断し、業務改革に早急に着手する必要性を認識しました。

⑵業務改革推進プロジェクトの取組み

市長をトップとする行財政改革推進本部会議を中心に業務改革推進プロジェクト（総務省の平成30年度業務改革モデルプロジェクトとして実施）を全庁的に展開しました。泉大津市では、業務効率化の検討に当たっては、昨今目まぐるしく進歩するAIやRPAといったICTを活用することが重要だと判断しています。

業務改革推進プロジェクトでは、以下の流れでプロジェクトを進めました。

① 業務の棚卸（業務プロセスや業務量、課題を見える化）
② 改善策の検討（ICTやアウトソーシングなどを活用した改善策を検討）
③ 改善策の優先順位決定（棚卸結果をもとに着手する改善策の優先順位を検討）
④ 実証実験の実施（導入効果を検証）
⑤ 課題の整理（実証実験結果を踏まえて、課題を整理）

①の業務の棚卸結果（前章図表1-2）から、入力業務に焦点を当てて業務改革に取り組むこととし、そのための手段としてRPA化を実施することにしました。

⑶調達・開発

RPAの本格導入に当たっては、調達・開発について、RPAツール（機能比較によりWinActorを指定）及びシナリオ作成研修や支援等を含めて調達を実施し、委託先を決定しました。

委託業務に係る費用は、RPAライセンス（２ライセンス）とシナリオ作成研修、シナリオ作成支援、運用開始後の技術支援、プロジェクト

図表2-17 RPA化に関する開発体制及び開発プロセス毎の所要時間

業務名	業務フロー作成	シナリオ作成	参加メンバー
給与管理業務	2時間×1回 業務フローの作成等	3時間×3回 (各回宿題付)	・業務所管課：2人 ・政策推進課：2～3人 うち2人は情報化推進係 ・委託先：1人
軽自動車税賦課業務	2時間×1回 業務フローの作成等	3時間×3回 (各回宿題付)	

管理費等で年間380万円に消費税10%を加えて418万円となりました。

対象業務の選定は、業務分析により明らかになった入力業務のうち入力情報がデータで存在する業務を抽出し、それらのなかからRPAの導入を希望する人事課の給与管理業務と税務課の軽自動車税賦課業務の2業務に絞りました。シナリオ構築は、業務所管課が主体的に実施しますが、政策推進課（政策推進係と情報化推進係で構成）による手厚いサポートが特徴です。具体的には、業務ヒアリングによる業務フロー及びシナリオ作成を業務所管課から2人、政策推進課から2人～3人、委託先から1人が参加して行います（図表2-17）。シナリオ作成は、業務所管課が委託先の支援を受けて行いますが、同時に情報化推進係の担当者も同じシナリオを作成しています。

これはOJT（On-the-Job Training）ともいえる方法でWinActorを使ったシナリオ作成や運用のスキルを養うことで、今後委託先の支援を受けなくても庁内で完結できる体制を構築する予定です。

⑷各業務のRPA導入前後

①給与管理業務

給与管理業務は、職員の給与支払時に控除した保険料等を保険者等に支払うために行う財務会計処理で、その業務フロー（RPA導入前後）と業務プロセスは次のとおりです（図表2-18、図表2-19）。

②軽自動車税賦課業務

軽自動車税賦課業務は、軽自動車税の当初課税に当たって、車両の廃車に関する情報を税務端末に入力する処理で、その業務フロー（RPA

図表2-18　給与管理業務の業務フロー（RPA 導入前後）

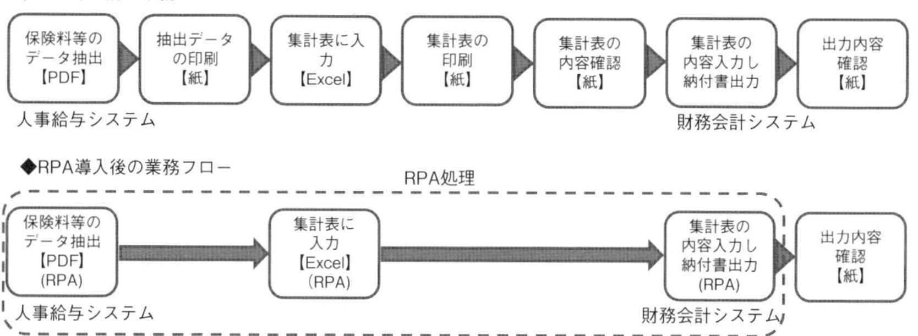

図表2-19　給与管理業務の業務プロセスと RPA 化の範囲

作業	補足情報
取りまとめ一覧の作成	給与明細書をもとに、とりまとめ一覧（Excel）を作成する。
納付書作成・支出命令書の作成	財務会計システムにて、Excel をもとに納付書、支出命令書を出力する。
納付書作成・支出命令書の出力	財務会計システムにて、納付書、支出命令書を出力する。
決裁	
決裁書類の提出	会計課へ納付書と支出命令書を提出する。

（注）　二重線で囲んだ部分を RPA で自動化しました。

図表2-20　軽自動車税賦課業務の業務プロセス

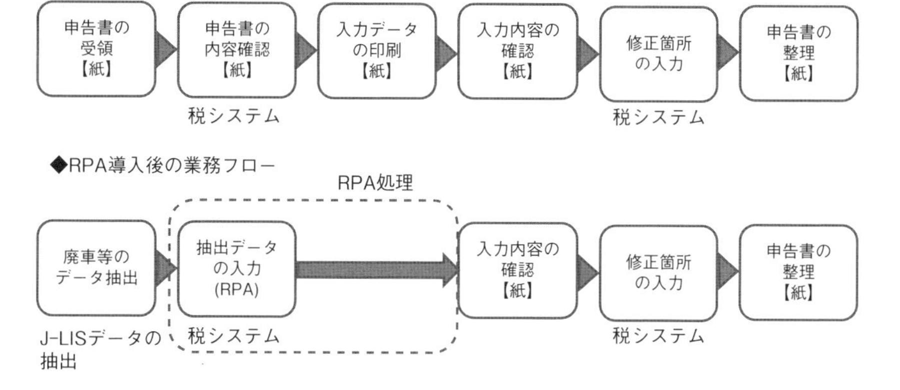

図表2-21 給与管理業務の業務プロセスとRPA化の範囲

作業	補足情報
申告書の受領	「軽自動車税申告書（廃車用）」を軽自動車検査協会から受領する。
税務端末入力	税務端末に軽自動車税申告書（廃車用）等の内容を入力する。
内容確認	入力結果と、申告書を突合し、正しく登録できていることを確認する。
台帳整理	申告書等を廃車台帳（紙媒体）として車種別のナンバー順に編綴し管理する。

（注） 二重線で囲んだ部分をRPAで自動化しました。

図表2-22 RPA導入の定量的効果

- 費用対効果＝人件費削減額―RPA導入費用
  人件費：5,553,000円（2017年度の正職員1人当たりの平均年間給与費）
- 削減見込業務時間：給与管理業務　494時間
  軽自動車税賦課業務　1,014時間
- 職員1人当たり年間業務時間：1,860時間

【人件費削減効果】
5,553,000円×（(494時間＋1,014時間）／1,860時間）＝4,502,110円
【費用対効果】
4,502,110－4,180,000＝322,110円
【効果】
年間32万円の効果

導入前後）と業務プロセスは次のとおりです（図表2-20、図表2-21）。

人事給与システム（公開羅針盤（人事給与））や財務会計システム（FAST財務会計）、軽自動車税システム（COKAS／R AD Ⅱ）での作業をRPAで代替できることを確認しました。年間作業削減時間は、給与管理業務が494時間、軽自動車税賦課業務が1,014時間と見込んでいます。ここでは、委託料と年間作業削減時間の経費換算から、費用対効果を計算することとしました（図表2-22）。

⑸課題

泉大津市では、RPA化の課題として次の5点を挙げています。

① 実証実験の実施やシナリオの作成など、業務所管課において一時的に新たな業務が発生

② RPAを導入することで新たな費用が発生

③ 複数あるRPAツールのなかから、費用面、管理・運用面、対象業務に適しているかどうかを考慮して最適なRPAツールを選択するのが困難

④ RPAのシナリオ作成・修正作業は職員自らが行う必要があるため、それに対応できる庁内体制の構築

⑤ 現状では紙ベースの資料や申請が多いので、RPAを導入できる業務が限定的

⑹今後の予定

2019年度には高齢介護課の介護保険料還付業務と指導課の就学援助業務にRPAの試行導入を行い、適合可否判断をしました。2020年度は、4業務導入2業務実証、2021年度は6業務導入2業務実証と実証実験をしながら順次対象業務を拡大する予定としています。

RPAの開発・運用について、職員でRPAの運用ができるよう、シナリオの作成・修正等ができる職員を育成していく予定です。ただし、人材の育成ができるまではRPA導入の際のシナリオ作成支援や運用のサポートを民間事業者に委託する予定です。

10 熊本県荒尾市の取組み

熊本県荒尾市は、全国に先駆けてRPAと印刷から封入封かんまで可能なプリンター（理想科学工業製 オルフィスGD9630+ORメーリングフィニッシャーⅡ、以下オルフィスと表記）を連携し、ふるさと納税における、寄付者宛ての受領証明書等の印刷及び封入封かん業務を自動化できる仕組みを構築し運用しています。夜間に一連の業務を自動処理できるため、職員は朝出勤したら寄付者宛の郵便物ができていることになります。作業時間削減効果は、年間1万件のふるさと納税の受付業務について、約370時間が見込まれています。

作業時間削減以外の効果は、業務のプロセス間に人手が入らず、目に

見えて業務の見直しにつながったこと、RPAやオルフィスの利用用途の広がりにより、今後一層の効率化が期待できることです。

⑴経緯

将来の人員減への対応や職員の負担を減らして、住民サービスに振り向けたいとの市の方針に従い、政策企画課が主導して下記のとおりRPAの検討が始まりました。

- 2018年6月　RPA導入について情報収集スタート
- 2018年8月　株式会社有明ねっとこむとRPAについてコンサルタント業務委託契約を締結し、RPA検証事業を実施した（2019年3月31日まで）
  対象業務は、ふるさと納税業務、市県民税特別徴収異動届入力業務、土地登記情報入力業務、登記名義人情報入力業務の4業務
- 2018年11月　オルフィスを試験導入
- 2018年12月　RPAとオルフィスの連携により、ふるさと納税の通知書作成業務の完全自動化

政策企画課には、情報推進室が所属しており、検証事業当時、ふるさと納税を所管していたことから、課内で完結できました。そして、課内の業務での成功事例が庁内の他部門への展開を容易にします。

⑵ふるさと納税業務のRPA化

情報推進室は、荒尾市、福岡県大牟田市などが出資する第三セクター「株式会社有明ねっとこむ」と連携し、RPAの検証事業を実施しました。情報推進室は、政策企画課が所管するふるさと納税業務を対象に業務内容を点検する中で、展示会等で情報収集していたオルフィスと連携できれば一連の業務を自動化することができるのではないか、とのアイデアが創出され、理想科学工業株式会社との検討が始まりました。

同社は、RPAのシナリオに従ってオルフィスを稼働させることは想定しておらず、同機の新しい利用方法が始まったとの感想を持っていま

す。すなわち、同機を稼働させるには、従来の人がパネルに指示またはパソコンの印刷メニューの中で指示する方法がありましたが、新たにRPAのシナリオを実行すると、パソコンを通じて指示する方法が加わりました。新用途を生み出した組織の関係図は図表2-23のとおりです。

荒尾市は、RPAの事業者選定に当たって、複数の情報システムベンダーに問い合わせをしましたが、有効な回答が得られず、第三セクターである「株式会社有明ねっとこむ」(以下、「有明ねっとこむ」に相談し、共同検証がスタートしました。開発や運用保守は有明ねっとこむが担当しています。

RPAのシナリオ作成を荒尾市の職員が行わず、委託する理由は、①Accessを使った処理でさえブラックボックス化している実態、②RPA利用における原因の特定できない予期せぬ不具合の発生という問題に対処するためです。①は管理面、②は技術面の懸念があるため、RPA利用における管理や専門的なシナリオ構築のスキルの必要性があるためと

図表2-23 RPAとオルフィスに関する組織

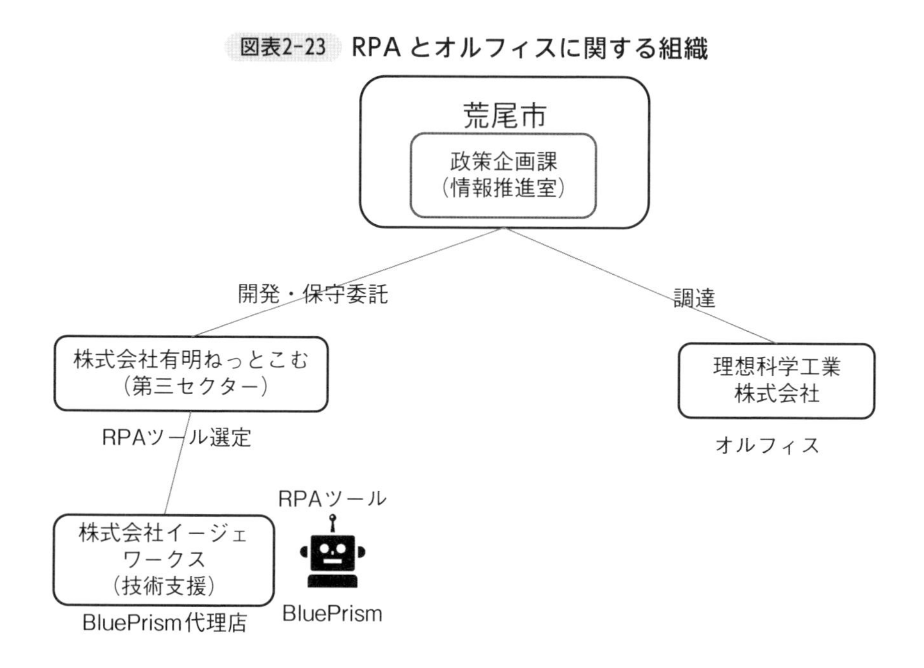

しています。有明ねっとこむには、RPA構築及び運用保守、それにライセンス料（120万円／年）を含め５年間で11,000,000円（税込）（ただし、契約業務数以外の追加構築分は別費用）で業務委託しています。

荒尾市と有明ねっとこむは、RPAツールの選定に当たって、様々なツールをリサーチしています。候補をWinActor、BizRobo!、BluePrismの３ツールに絞って比較した結果、グローバルなシェアで大手企業での導入実績が豊富にあるBluePrismを採用しました。製品機能は、サーバ型でシナリオ作成における専門性が高く、監査・セキュリティ機能に強いものです。ライセンス数が１つ（120万円／年）あれば、本番環境での最大同時使用が１か所という制約はあるものの全庁的に使うことができるため、ほかのツールと比較して安価になるとの試算をしています。

BluePrismは、英国ロンドンに本社を置くBlue Prism社のRPAツールで、RPAという用語の生みの親です。なお、BluePrismを自治体で導入している実績は荒尾市以外には確認できていません。

荒尾市では、当初WinActorで開発していたものをBluePrismに移植しています。移植の工数は要求仕様がすでに存在しているため、新規作成に対して20～30％程度に抑えられました。

⑶ふるさと納税RPA化とその運用

RPAは、夜間に、寄付者が受付サイトに入力した氏名や寄付額などのデータを取り込み、寄付者宛ての印刷物を作成し、オルフィスに対して印刷及び郵便物の作成を指示します。

この処理は、毎週日曜日の午前０時までに登録された１週間分の受付データを、設定されたスケジュール（例えば、午前２時）に従って、次の手順で実行するものです（図表2-24）。

① ふるさと納税ウェブサイト（ふるさとチョイス、LGWAN-ASPを利用）へのログイン
② 入金済み対象者のCSVデータをダウンロード

図表2-24　ふるさと納税業務の処理全般

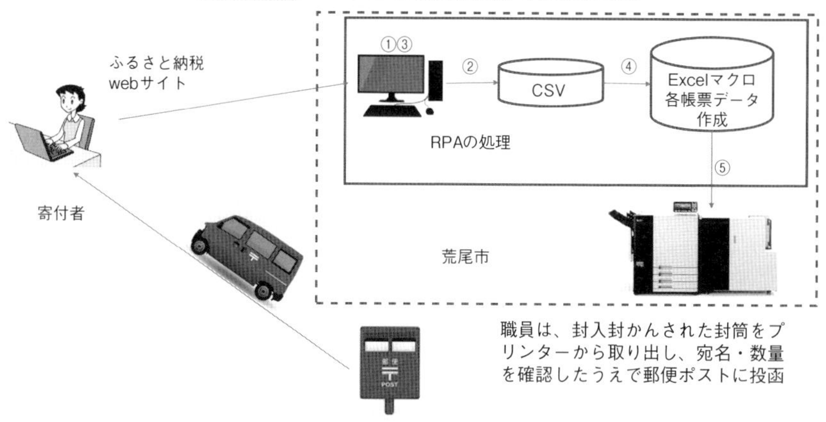

③ ふるさと納税ウェブサイトをログアウト

④ CSVデータをExcelマクロに取り込み、受領証明書、ワンストップ特例申請書、お礼状のデータを作成

⑤ 上記データをオルフィスに出力及び封入封かん処理を指示

職員は、朝出勤したら、オルフィスの出力トレイに郵便物ができているので、必要な確認をして郵便ポストに投函するだけになります。なお、運用初期は投函用の封筒と同じものを確認用としてもう一部作成し、開封の上、一通一通正しく封入されているかを確認し、実運用に移行できることを検証しています。

⑷シナリオ作成

シナリオ作成は、まず、情報部門が業務所管課の実作業を目視し、それを細かく確認し、業務プロセス可視化ツールであるBPR+[3]を使って業務フローを作成しています。その後、有明ねっとこむが業務所管課と詳細を詰めながら開発を進めていきます。開発期間は、最初の作業確認から導入まで1～2カ月を要しています。

3　ソフトウェア名、呼称は「BPRプラス」です。

⑸オルフィスについて

オルフィスとはどのようなものか、イメージを説明します。同機の筐(きょう)体の中で郵送物であるＡ４サイズの用紙（最大５枚）を３つ折りにして横方向に移動させ、同時に縦方向に移動してきた封筒フォーム紙と直角に接触する位置で、糊付けされた封筒フォーム紙が包み込むように折りたたみ圧着することで、封入封かんした形の郵便物ができ上がります[4]。複雑な機構のため、紙詰まりを心配しますが、印刷における紙詰まりよりも頻度は少ないとのことです。仮に紙詰まりが起こった場合でも、保守担当者が最寄りの営業所からかけつけ、紙詰まりなどのインシデント対応を行う保守契約になっています。

なお、オルフィスで使用できるものには① Excel、Word 等のファイルで作成できるもの、②封入できるのは普通紙Ａ４サイズ（60~80g/㎡）両面印刷で５枚まで（専用の薄い用紙であれば６枚まで同封可能)、③封筒は長形３号封筒に限定、という条件があります。ここで、オルフィス導入による費用対効果を図表2-25のとおり試算しています。

⑹ふるさと納税以外の業務の RPA 化

ふるさと納税以外に RPA 化を予定されている業務は、次の通りです

図表2-25　オルフィス導入による効果（年間）

オルフィスでの削減見込み（2019年11月末現在）
印刷部数　36,648件（ふるさと納税、児童手当現況届ほか）
職員の削減見込み時間910時間

図表2-26　ふるさと納税業務以外の業務（予定）

業務名	年間削減時間
市県民税特別徴収異動届入力業務	205.0時間
eLTAX 指定番号特定・付番業務	90.0時間
支出命令書作成業務	26.4時間

(図表2-26)。

また、当初構築を検討していた業務の中で、RPA 化に至らなかった処理がありますので、理由とともに紹介します。

- 土地登記情報入力業務

  業務分析の結果、削減見込み効果は68時間/年程度であり効果が見込めないため

- 登記名義人情報入力業務

  登記名義人情報入力により一覧化することで、他部署からの問い合わせ時間の削減を見込みましたが、業務分析の結果、RPA で処理できるものは約10,000件のうち、半分程度であり、残りは職員が入力しなければならず、効率化につながらないことが判明したため

荒尾市の RPA 化の特徴は、行政改革と情報化を一体的に進めていること、RPA ツールをサーバ型にしたことが挙げられます。全庁的視点から庁内の RPA 化に適した業務を選択し、必要に応じで業務改革を行い、庁内のどの部門でも導入、運用が期待できることです。

11　大阪府熊取町の取組み

(1)他団体の RPA の適合性判断

大阪府熊取町は、全国共通の課題である職員の長時間勤務者の削減や制度変更への対応の必要性、将来的な人的資源の枯渇問題などから、システムでできるものはシステムで対応することに取り組んでいました。団体間の情報交換を行う中で、同じ基幹システムを導入している他団体から、RPA の共同実証実験の提案があり、その団体で作成したシナリオが熊取町のシステム環境で稼働できるか否かの適合性判断を次の３業務で行いました。

4　具体的な動きは、理想科学工業株式会社のホームページ(https://www.riso.co.jp/product/orphis/gd/movie/)を参照ください。

① 事業所の新規登録（特徴事業所）

紙での申告であるため AI-OCR に期待しましたが、事業所ごとにレイアウトが異なるため活用できませんでした。そのため、紙の申告書を Excel に入力し、それを RPA で処理することとしましたが、オンライン画面入力に比べ１件当たり数秒レベルの効果ですので、年間1,000件程度ではそれほど効果が見込めませんでした。

② 軽自動車申告入力（廃車登録）

業務システム構築業者がシステムのバージョンアップにて、廃車情報を取り込む対応を行ったため、紙ベースでの申告入力がなくなり、RPA 化が不要となりました。

③ 町民税電子申告の審査（法人）

本町の場合は基幹業務システム側で審査を行っているため、eLTAX からデータを受け取った後に審査システム側では審査済みボタンを押下するだけの作業がありました。その押下作業を RPA 化しましたが、非常に動作が重く利用できませんでした。

原因究明はこれからですが、現時点では、マシンスペックや RPA ソフトと業務システムの相性によるものと整理しています。また、夜間処理を行うことも考えましたが、アクセス先のシステムは夜間稼働しておらず利用を断念せざるを得ませんでした。

このように、対象業務の件数が少ないことやインフラの違い、業務システムのバージョンアップによって RPA を必要としなかったものがあり、他団体の成果を流用することを断念し、独自に検討することとしました。

⑵対象業務の選定

実証的な評価を行うため、対象業務の選定から始めました。庁内で RPA の説明を行い、RPA 化の希望について照会した結果、64の業務について希望が出されました。このうち、紙資料から業務システムに入力するもの、業務との適合性が低いと思われるもの等を除き、次の３業務

図表2-27　熊取町のRPAの導入予定業務

所管部署	業務名 業務内容	処理サイクル 件数（年間）	作業時間削減見込み（年間） 削減率の割合
収納対策課	SMS発信に係る滞納管理システムへの記事入力	随時	4時間
	SMS発信により催告した経過を滞納管理システムの交渉記事へ入力する。	450	約50%
生活福祉課	児童手当現況届の基幹系システムへの入力	年次	8時間
	児童手当の現況届で前年度から変更のなかった者について、基幹系システムへの認定情報（認定日等）を入力する。	2,500	約90%
税務課	給与支払報告書（総括表）送付とりやめ	年次	8時間
	事業所に送付する給与支払報告書（総括表）について、熊取町在住の従業員がいなくなった事業所に対して総括表を送付しない旨を基幹系システムに入力する。	500	約80%

に絞りました（図表2-27）。

⑶開発

シナリオの作成は、富士通株式会社の自治体向けRPAツール「FUJITSU Software Axelute for IC21」を使ったシナリオを外部委託しています。RPAツールのみ調達する場合は、今回の熊取町では1ライセンス1年間の利用で約38万円とかなり安価になりますが、職員による開発が適当かどうかや稼働後の保守管理などの判断も必要になります。費用に見合う効果が出ているかどうか、という視点で、今後検証していく予定です。熊取町の最大の効果は第1章で述べた通り、次の点としています。

RPA導入の可否を検討するに当たって、一部の業務でプロセスを見直すきっかけになり、本当に必要な作業なのか、RPAでなくとも別の方法で効率化できるのでは、など検討する機会づくりにつながったとのことです。

12　福岡県須恵町の取組み

福岡県須恵町は、2010年に基幹業務システムをクラウド化し、2017年からは窓口業務及び内部管理業務の総合的な集約化・アウトソーシングを検討（自治体連携業務改革アウトソーシング推進事業）しています。

RPAについては、先駆的に実証実験を行い、業務効率改善に資するかどうかを判定することを事業者の提案により実施しています。

⑴対象業務の選定

対象業務は、情報担当の所属課である総務課と住民課への依頼により、次の業務に絞りました（図表2-28）。

図表2-28　須恵町のRPAの導入予定業務（すべて運用中）

所管部署	業務名 / 業務内容	処理サイクル / 件数（年間）	作業時間削減見込み（年間） / 削減率の割合
総務課	（業務名）社会保険業務	月次	10時間／年
	（業務内容）臨時職員システムの更新作業後、明細エクセルデータを作成し、臨時職員台帳（エクセル）との比較を行い、要修正時には、台帳若しくはシステムのデータ修正を行う。	12件	10.8%（実績）
総務課	（業務名）給与計算業務（帳票作成）	月次	60時間／年
	（業務内容）給与計算システムから支給調書データ（csv）をダウンロード、エクセル変換、レイアウト調整及び印刷調整を行い、当該月での修正が必要な個所を修正して保存する。	12件	13%
総務課	（業務名）給与計算業務（会計データチェック）		※2業務の合計
	（業務内容）給与計算システムからダウンロードした給与データ（csv）を財務会計システムに投入する。財務会計システムで登録処理を行い、システムで作成された予算明細書（エクセル）と予算明細書（エクセル）を比較し、問題なければ支出兼命令書（エクセル）を作成、保存、印刷する。		
住民課	（業務名）保険税還付業務	月次	86時間／年
	（業務内容）住民情報システムにおいて該当者の口座番号の登録、還付リストを表示し、歳出／歳入／金額を確認する。同システムにて収納状況ファイルをダウンロードして、還付帳票作成システム（エクセル）の収納状況ファイルのシートへ転記する、帳票を印刷する。	30件	52.8%（実績）

⑵開発

シナリオの作成は、UiPath（クライアント版）を使ったシナリオを業務所管課が中心になって行っています。これまで、職員がExcelマクロを使って業務を効率化しているという実績があるため、それと同様の開発体制を敷いています。今後、どれだけ浸透するか、町では注視していきたいとしています。

13　滋賀県竜王町の取組み

滋賀県竜王町では、業務量の増加や要求されるスピード等に対応するに際して、慢性的な人手不足のため、処理を自動化できるRPAを検討し、導入しています。RPA等自動化の必要性を「単調作業を自動化することにより人為的なミスを排除できるうえに精神的な負担軽減にもつながることから自動化できるものは自動化するべきである」と述べています。

RPA導入の経緯は、情報担当職員によるボトムアップにより2018年12月から実証実験を開始しました（図表2-29）。

調達では、WinActorを開発用２台、運用用２台を合計年間約200万円の使用料にて実証実験を開始しました。これまでICTに関与したことのない情報担当職員による業務分析やシナリオ作成を行っています。小規模団体のため、情報担当職員によるRPA推進の状況は業務所管課職員にも認識されているため、効果を示すことができれば、自然に広がっていくものと考えます。

ここで、竜王町は、自治体クラウド参加団体として基幹パッケージシステムをオールインワンで導入しています。したがって、基幹システムが業務全体をカバーし、RPAの必要性を低くしていると思われますが、そうではありません。基幹システムは、基幹システムとして必要な機能を果たすのが役割ですので、RPAは自治体の規模にかかわらず、必要になります。

図表2-29　竜王町の RPA 化試行業務

予定・実績等 所管部署	業務名 業務内容	処理サイクル 件数（年間）	作業時間削減見込み（年間） RPA 適用による削減率割合
運用	空き家データベース業務	年次	21時間／年
建設計画課	予め作成したエクセルシートに税情報システム、宛名管理システムの検索機能からデータを抽出し空き家台帳を自動作成する。	230件	88%
運用	人事給与業務	月次	60時間／年
総務課	勤怠システムから時間課外データ出して IPK（注）のシステムに取り込むためのエクセルデータを作成する。	2,400件	98%
運用	プレミアム付商品券業務	月次	27.5時間／年
福祉課	当月の税情報と前月の税情報から対象者の増減について割出を行い、非課税かどうかの判断を税情報システムにより行う。	8,000件	73%
予定	固定資産税業務	年次	6.7時間／年
税務課	償却資産課税業務 1月末までに各企業から送付される申告書を基に OCR を使ってデータ化し、システム入力を行う。	100件	32%

（注）　富士通製内部情報ソリューション（IPKNOWLEDGE：アイピーナレッジ）をいいます。

14　富山県自治体クラウドグループの取組み

⑴富山県９団体のＲＰＡ共同利用

富山県では、事務の標準化をベースに自治体クラウド（基幹システムの共同利用）を構成している９団体[5]が RPA 共同利用の実証実験に臨みます。１つの都道府県でこれだけの数の自治体が RPA 導入に動くのは全国初です。なお、この事業は、総務省のモデル事業「自治体行政スマートプロジェクト事業」に採択されたため、事業費の1,748万円は国が全額負担します。

2019年７月～８月に対象業務の業務量の調査を行い、効率化が期待できる業務を11業務程度選定しました。９月には、選定した11業務の中から、さらに各団体の業務手順や業務量の比較を行い、効果が高いと判断される下記５業務を実証業務としました。

① 軽自動車税車両異動入力事務
② 税収納、後期高齢日次消込事務（コンビニ収納含む）
③ 精神障がい者手帳交付に係るシステム入力事務
④ 保育認定・契約情報変更に係るシステム入力事務
⑤ 予防接種結果登録事務

実証にあたって、９団体の基幹システム調達先にRPAの構築を委託しました。基幹システムを熟知し、各団体の運用方法にも詳しい基幹システム委託事業者に委託することで有効なサポートが期待できるからです。

ここで、RPA共同利用の難しさを説明します。同じRPAのシナリオを同じ業務システムを使っている複数の自治体に導入する場合であっても、必ずしも同じようにロボットが動くとは限りません。業務システムのバージョンの違いによって入力画面が異なりロボットが止まることがあり、また、稼働するパソコンのスペックやネットワークの違いが、応答時間の違いをもたらし、画面のページ表示が終わる前にデータを入力しようとして止まることがあるからです。

これらの対応には、業務システムや運用、システムのインフラにも精通したクラウド事業社の果たす役割は大きいと考えます。

⑵業務の標準化

2019年10月～11月に、決定した５業務について、各団体の業務手順を調整しました。会議体は、全体の方針や対象業務を決める責任者会議と各業務の業務フローやシナリオを決める業務別担当者会議があります。

5　団体名（人口）は、代表団体である射水市（90,689人）及び魚津市（41,500人）、滑川市（33,168人）、黒部市（40,974人）、上市町（20,228）、立山町（25,696人）、入善町（24,362人）、朝日町（11,740）、舟橋村（3,159人）の９団体です。魚津市、滑川市、上市町、立山町が2020年４月１日現在、射水市、黒部市、入善町、朝日町が３月31日現在、舟橋村が３月１日現在の人口です。

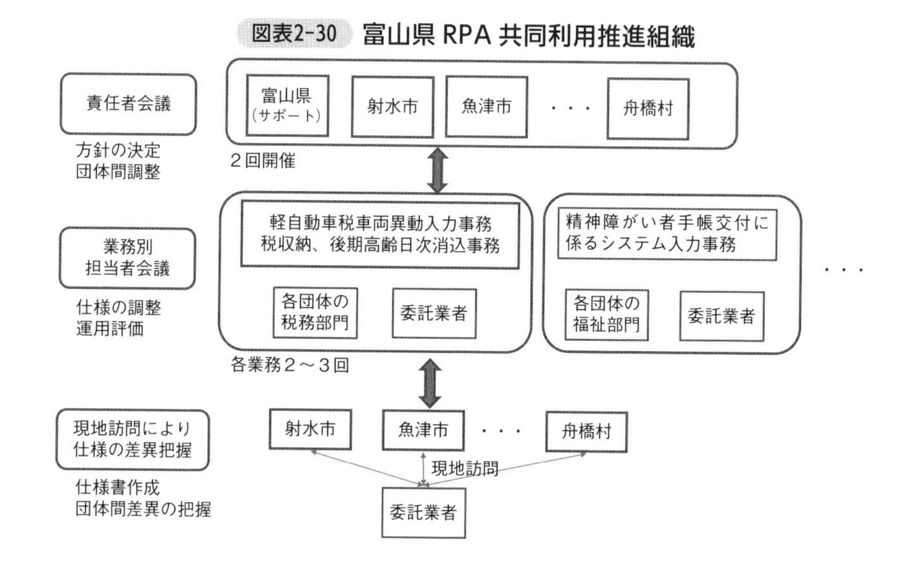

さらに、具体的な業務フローの現場確認やパソコンの性能も影響するので、事業者が各団体を訪問して団体間の共通点や差異を把握します。人口規模に幅がある中で、どのような差異がなぜ発生するかを整理し、同じシナリオになるよう業務別担当者会議で調整を行います（図表2-30）。

(3) RPAの導入検証

2019年12月～2020年1月にUiPath（クライアント版[6]）を使ったシナリオを作成し、RPAの導入検証を行いました。検証対象業務は、当初予定していた5業務のうち、予防接種結果登録事務[7]を除く4業務としました。4業務の処理概要は次のとおりです。

① 軽自動車税車両異動入力事務

ロボットを利用し、従来、申告書（紙）等をもとに、手作業で行っていた異動情報（新規・変更・廃車）のシステム入力作業のうち、地方公共団体情報システム機構の軽自動車検査情報から抽出したデータを加工して、システムに入力する作業を自動化するもの

② 税収納、後期高齢日次消込事務（コンビニ収納含む）

これまで手動で行っていた地方税等の入金データをシステムに登録す

る処理を、ロボットで自動化するもの（入金データの電子データ化は、銀行に委託している団体と職員がOCRを利用している団体がある）

③ 精神障がい者手帳交付に係るシステム入力事務

心の健康センター（精神保健福祉センター）に提出する精神障害者保健福祉手帳及び自立支援医療の進達書作成や、心の健康センターから届く判定結果（正否、手帳・受給者情報）をシステムに入力する作業をロボットで自動化するもの

④ 保育認定・契約情報変更に係るシステム入力事務

これまで手作業で行っていた保育認定・契約情報の変更に伴うシステム入力作業を、ロボットで自動化するもの

この４業務の各団体における年間削減時間等の効果は、図表2-31のとおりです。射水市と魚津市は、同じシナリオを導入して実証した結果の数値であり、ほかの団体は、射水市と魚津市の実証内容を自らの団体にトレースして計算した値になります。各団体は、同じ基幹システム等を導入し、同様の運用手順であることから、確度の高い数値であると言えます。

実証効果は、バラツキはあるものの概ね60％程度の時間削減を実現していることから、共同調達による本格導入を目指すとしています。

当初、課題として考えられた、同じシナリオが異なるパソコンスペック上で止まらずに稼働するかどうかについては、遅いほうに合わせることで解決しています。UiPathのクライアント版を使っての、団体間のシナリオバージョンの統一については、クラウド基盤におけるサーバーからの配布によって実現できています。

シナリオ作成を自治体が行うか事業者に委託するかという判断基準について、一般的にRPA化の難易度が高くその分効果が見込める業務は

6　安価なクライアント版にてスタートし、将来は、サーバ版導入の可能性があります。

7　入力元となる予防接種券（予診票）が紙媒体のみであるため、AI－OCR等との併用を検討しましたが、費用対効果等で折り合わず断念しました。

経費を負担して委託し、難易度が低い業務は自治体が行う、という住み分けができています。富山県自治体クラウドグループでは、事業者が開発した同じシナリオをクラウドグループの構成団体で利用することで、割り勘効果を得ることができます。RPA 化の難易度の高低にかかわらず、安価でかつ自治体の人的負担の少ない、有効な取組みと考えます。

図表2-31　富山県 RPA 共同利用推進に係る実証導入評価

業務名（処理タイミング）	評価等項目	細目	射水市	魚津市	滑川市	黒部市	上市町	立山町	入善町	朝日町	舟橋村
①軽自動車税（月１～２回）	件数／１回当たり		650	600	320	250	250	300	250	125	30
	年間削減時間		919	991	201	506	143	207	143	138	15
	削減率		84%	86%	70%	81%	81%	83%	81%	88%	75%
②ａ税収納（毎日）	消込データ作成件数／１回当たり	固定資産税、軽自動車税、国民健康保険税、個人住民税自主	委託	180	150	委託	100	120	110	55	15
		個人住民税特徴	委託	100	100	委託	60	80	75	35	7
		法人住民税	委託	10	10	10	5	5	5	5	1
	年間削減時間		227	155	128	40	111	124	79	100	18
	削減率		95%	19%	29%	43%	35%	37%	15%	29%	26%
②ｂコンビニ収納（毎日）	年間削減効果		919	991	201	506	143	207	143	138	15
	削減率		84%	86%	70%	81%	81%	83%	81%	88%	75%
②ｃ後期高齢日次消込事務（毎日）	消込データ作成件数／１回当たり		委託	18	12	15	10	10	10	5	5
	年間削減時間		138	155	135	155	78	166	91	52	19
	削減率		92%	83%	84%	83%	76%	87%	79%	67%	83%
③精神障がい者手帳交付に係るシステム入力事務（月１回）	年間件数	精神障害	360	160	120	160	120	100	72	50	15
		自立支援医療	1000	450	350	450	300	300	300	150	30
	年間削減時間		111	51	51	29	3	11	13	17	4
	削減率		50%	50%	56%	36%	8%	25%	33%	50%	44%
④保育認定・契約情報変更作業（月１回）	年間件数		1200	360	400	720	300	350	300	120	30
	年間削減時間		111	30	39	83	30	37	30	5	0.5
	削減率		61%	57%	60%	65%	60%	61%	60%	36%	11%

（注１）「② 税収納、後期高齢日次消込事務（コンビニ収納含む）」について、税収納、コンビニ収納、後期高齢日次消込事務は、シナリオをそれぞれ作成のうえ実証導入をしています。

（注２）データ件数の把握について、コンビニ収納は、収納代行機関から届いたデータをそのままシステムに取り込む作業（データ件数に依存しない）のため、調査を行っていません。税収納・後期高齢日次消込事務についても同様ですが、職員が OCR で電子化する作業が加わるため、作業時間とデータ件数の把握を行っています。

15　ふくおか電子自治体共同運営協議会の取組み

⑴ふくおか電子自治体共同運営協議会の検討状況

ふくおか電子自治体共同運営協議会（以下、ふく電協）は、住民サービスの向上・行政事務の効率化を目的として、福岡県と市町村が連携・協働して電子自治体を構築するとともに、地域情報化の推進に寄与するため、2002年10月31日に設立されました。事務局を福岡県情報政策課に置く参加団体53（全団体数は60）の組織です。

ふく電協は、RPA 化の共同実証試験について「都道府県や政令市などの比較的規模が大きな自治体では検証や導入が進んでいるが、人口規模が小さい自治体では費用対効果の面からも導入が進まない状況となっている」とし、個別調達と比較した共同調達[8]の効果について、次の整理をしています。

（個別調達の課題）

- 十分な数の業務が集まらないため、ライセンス単価やシナリオ作成費用が高止まりする。
- シナリオ作成を職員で行う場合、職員の負担増や「ロボット野良化」の抑制を含めた管理体制の確立が必要になる。
- 業務ごとの業務フローやシナリオ作成のノウハウ展開が困難である。
- 規模が大きな団体であれば、導入できる業務が多く、ライセンス単価やシナリオ作成費用を抑えることが可能と考えられる。

（共同調達の効果）

- 協議会のボリュームで単価を設定するため、団体規模にかかわらず、１業務から低価格で導入できる。
- シナリオ作成を職員で行う場合でも、認定事業者と協議会の支援が期待できる。

8　ふく電協の支援により複数の団体が共同して調達することをいいます。

・業務フロー作成やシナリオ作成のノウハウを共有することができ、職員の負担やシナリオ作成の費用を低減できる。

2019年度は、RPA 導入の効果や共同利用のメリットを含め、共同調達に向けた準備と共同実証試験を実施しています。RPA 化の検討会を2019年７月と10月の２回開催し、勉強会を2019年７月（31団体参加）、10月（23団体参加）及び2020年１月（16団体参加）の３回実施し、さらに2019年10月31日から11月１日にかけて、首都圏の先進事例を視察しています。

ふく電協の特徴的な取組みとして、実証性評価を２回実施するなど、多面的な比較検討を行っています。

⑵実証性評価の概要及び１回目の実証性評価

実証性評価は、ふく電協の呼びかけに応じた５団体が参加し、事業者の協力を得て２回の実証性評価を実施しました。１回目は、５団体がそれぞれ選定した業務に対して、異なる５つの RPA ツールを使って2019年11月に実施しました。この実証性評価に先立ち、各団体が選定した業務を対象に、それぞれシナリオを作成しています。２回目は、５団体のうち２団体と新たに１団体を加えた３団体が、１回目とは別の業務に既存シナリオを利用して2020年２月に行いました。

図表2-32「１」の事例では、志免町が選定した人事給与・財務会計業務（予算登録業務）を対象に、Ａ製品を使ってシナリオを作成したうえで１回目の実証性評価を行い、２回目は、苅田町がこのシナリオを同町の人事給与・財務会計業務（予算登録業務）に適用して実証性評価を行っています。

１回目の実証性評価の各団体における実施概要は次のとおりです。

・志免町の人事給与、財務会計業務（予算登録業務）

Excel データをもとに、画面遷移の多いシステムに繰り返し数値を入力していく業務の RPA 化実証試験です。シナリオ作成は、現在の業務フローを変えることなく、予定していた適用箇所についてはすべ

図表2-32　５団体５RPAツールの１回目実証性評価

		1回目実証性評価					（参考）２回目実証性評価団体
		検討団体・選定業務等		処理サイクル	削減時間	シナリオ作成に係る工数（注）	
		業務所管課	選定業務等	件数（年間）	削減率		
1	A社	志免町	人事給与・財務会計	年４回	45時間34分	自：13時間	苅田町
	A製品	総務課	業務（予算登録業務）		42.1%	事：17時間	
2	B社	苅田町	時間外手当業務	月次	32時間	自：５時間	—
	B製品	総務課		12月分324件	64%	事：26時間	
3	C社	古賀市	物品業者申請登録		31時間10分	自：12時間	みやま
	C製品	管財課	業務	850件	66.7%	事：50時間	市
4	D社	豊前市	ふるさと納税業務	週次	16時間40分	自：21.5時間	—
	D製品	総合政策課			95.2%	事：175時間	
5	E社	みやま市	市民税業務（異動		25時間	自：８時間	大牟田
	E製品	税務課	届出書登録業務）	500件	59.5%	事：88.5時間	市

（注）　シナリオ作成に係る工数の上段は自治体業務担当者の作業工数、下段は、事業者SEの作業工数です。

てRPA化することができました。課題は、入力先の財務会計システムにおいて、プルダウンボックスの中を全て構造解析できなかったこと、Excelデータを読み込むとき対応していない関数があったことなどがありました。

• 苅田町の時間外手当業務

時間外手当集計表（Excel）へ時間外時間数を入力し、人事給与システム（Web）へ転記する業務のRPA化実証試験です。選定した業務が単純なものであったため、想定より対応工数を抑えることができています。課題は、入力用CSVデータが暗号化されたセキュアファイルのため暗号化解除が必要であったこと、人事給与システムでの属性、桁数の不一致項目があったことです。

• 古賀市の物品業者申請登録業務

管財課が行っている入札参加資格の業者登録業務であり、２年に一度、事業者から申請を受け、審査後にシステムに手入力を行う業務のRPA化実証試験です。手入力とRPAとの比較では、単純な作業はRPAのほうが時間を要しますが、RPAは自動化できるため、１週間以上かかる作業が２日で終わるという成果が見込まれました。

- 豊前市のふるさと納税業務

ふるさと納税に利用しているシステムの寄附者情報を一括に管理し、報告及び分析を行う業務のRPA化実証試験です。寄附者情報のダウンロードを行い、集計及びeL-Taxへ報告します。そして都度返礼品の傾向分析を行いました。

- みやま市の市民税業務（異動届出書登録業務）

事業所、市民から提出される異動届出書に基づき、異動情報を異動届出書登録画面に登録する業務のRPA化実証試験です。

第１回実証性評価の結果、どのRPAツール、どの業務においても業務の効率化ができています。ただし、１業務の現状の作業時間自体が17～110時間程度となっており、１団体で導入コストメリットを出すことは難しく、複数の業務を低コストで導入する必要があるといえます。

⑶第２回実証性評価

２回目の実証性評価は、2020年２月に３団体の参加により進めています。２回目実証性評価結果の結果は図表2-33のとおりです。

- 苅田町

志免町の「人件費補正予算入力業務」の流用検証を行いました。苅田町では人件費の予算入力業務を各課で行う運用であり、志免町とは

図表2-33　２回目実証性評価の状況

		２回目実証団体（1回目実証団体）	選定業務等	削減時間／削減率	シナリオ作成に係る工数（注）
1	A社 A製品	苅田町 （志免町）	人事給与、財務会計業務（予算登録業務）	40分 25%	自：３時間（13時間） 事：８時間（17時間）
3	C社 C製品	みやま市 （古賀市）	物品業者申請登録業務	業務フローが異なるため実証実験を断念	
5	E社 E製品	大牟田市 （みやま市）	市民税業務（異動届出書登録業務）	100時間 25%	自：14時間（８時間） 事：33時間（88.5時間）

（注）　シナリオ作成に係る工数の上段は自治体業務担当者の作業工数、下段は、事業者SEの作業工数です。（　）内は、１回目実証性評価に係る時間（図表2-31の時間を再掲）です。

異なるため、シナリオの流用はできていません。志免町の業務フローのうち、「財務会計システムの歳出当初予算の登録業務」を選定対象としています。

シナリオ流用の課題として、「シナリオがどのように動作しているか」の解析処理が必要となるため、業務システムや運用方法が同じであるなど、好条件でない限りは、新規作成のほうが時間も手間もかからないと想定しています。

• みやま市

みやま市では、入札参加資格の業者登録及び管理をExcelで行い、財務会計システムへの連携は行っていません。古賀市が作成したシナリオは業者登録及び財務会計システムへ業者情報をそれぞれ入力しているため、運用の違いから効率化や削減が見込まれないと判断し、実証実験を実施していません。

• 大牟田市

みやま市と同一業務かつ同一システムでのシナリオの応用でしたが、RPAツールのバージョン変更による再調整発生のため、職員の工数が増加しました。また、業者との打ち合わせはノウハウがあるためスムーズに進めることができましたが、テスト用の端末設定や検証作業などで情報部門の担当者に対応時間が発生しています。

シナリオの応用では、レスポンスがみやま市より若干遅いことから、Waitの調整やたびたびエラーが発生して停止する事象が発生したため、安定稼動できるように十分な調整が必要となりました。また、想定されるエラー時の対応は、事前にマニュアル等の整備が必要であると認識しています。

シナリオの流用について、２回目実証性評価の結果から、次のことが分かりました。

• 利用システムが異なると流用が困難になる。
• 利用システムが同じでかつ業務フローが似ていることが求められる。

- シナリオの一部を流用することで効果を出すことが可能になる。
- 事業者側も業務知識やノウハウが蓄積されるため、シナリオ作成の効率化が期待できる。

以上のことから、作成したシナリオ等の共有ができる仕組みを構築することに加えて、流用による活用例を共有することで複数団体での利用のメリットを向上させるサービスの構築を目指したいとしています。

⑷シナリオ作成・保守管理における自治体と事業者の役割分担

RPA 化の効果を実証できたことで、次の段階であるシナリオ作成や保守管理の委託範囲を決める必要があります。シナリオ作成を委託するメリットは、一般的に、業務担当職員の負担が軽減でき、シナリオの完成度が高くなります。ただし、業務時間の大小に関わらず委託費が必要なことや SE に業務内容を伝える手間がかかるデメリットがあります。

ふく電協では、当初、シナリオ作成や保守管理を事業者に委託することを想定していましたが、先進地視察や実証実験の実施、各団体によって求める運用に違いがあることが明らかになってきたため、シナリオ作成・保守管理における自治体と事業者の役割分担を３つのパターンに整理しています（図表2-34）。

シナリオの作成が容易であれば、自治体が自主的に運営し、難しければ、事業者への委託割合が高くなります。費用と人的負担の相反関係の中で、どちらを優先するかが主たる判断材料になります。ふく電協が会員団体に行ったアンケートでは、導入希望について、７団体（15％）がＡプラン、20団体（43％）がＢプラン、10団体（22％）がＣプラン、残りの９団体（20％）は未定という結果となりました。

⑸今後の予定

共同実証試験の結果、共同での調達及びシナリオやノウハウの共有は有益であり、各団体のコスト削減や職員負担の軽減に繋がることがわかりました。そのため、2020年度中旬の導入に向けて、プロポーザル方式による調達を実施するとしています。調達にあたっては、複数の認定事

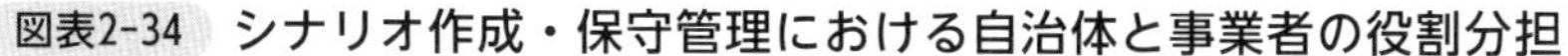
図表2-34　シナリオ作成・保守管理における自治体と事業者の役割分担

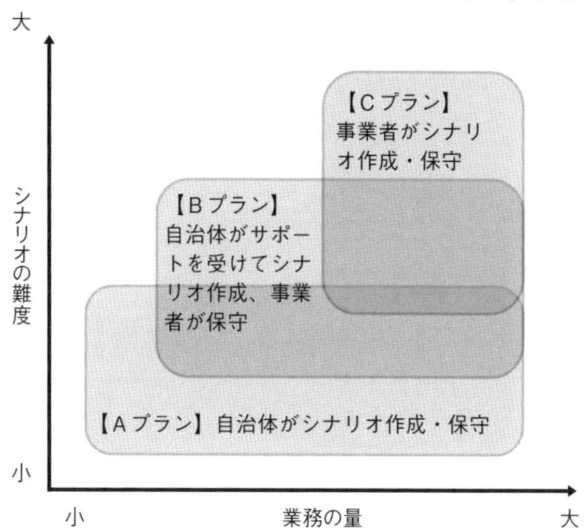

（注）いずれのプランもRPAツールのライセンス調達が必要になります。

業者の選択可能プランを考慮することになると思われます（図表2-35）。

図表2-35　提供可能プラン一覧表

事業者	A社	B社	C社	D社	E社
製品	A製品	B製品	C製品	D製品	E製品
提供可能プラン	Aプラン Bプラン Cプラン	Aプラン Bプラン Cプラン	Aプラン Bプラン Cプラン	Aプラン Bプラン Cプラン	Cプラン

3　実証実験後、運用に至らなかった業務

RPA化の実証実験は、業務への適合性や効果とコスト、課題の明確化、それに業務所管課の評価を得ること等のために行います。実証実験を行った業務のうち、運用に至らなかった業務について、アンケートの回答を次に紹介します（図表2-35）。

RPA化の実証実験の特徴は、所期の目的を達することができない場

合であっても、業務見直しによってその業務を不要とした例やほかの手法に変更して実現した例があります。このことは、実証実験の成果といえるでしょう。また、ヒアリングでは、当初予定した業務がうまくRPA化できなくても、別の業務で再度実証実験を行っていました。現在は、試行錯誤を行う期間であることがわかります。

図表2-35 実証実験後運用に至らなかった業務と理由

業務名	理由
（業務見直しにより不要に）	
ふるさと納税関連事務	業務見直しにより不要となったため
（ほかの手法により不要に）	
ふるさと納税発注業務	Excelマクロにて対応
市ホームページへの掲載事務	ほかの手法により効率化が実現できたため
業者登録年度切替	年度切替作業の簡略化がパッケージによる機能エンハンスで対応予定のため
（費用対効果）	
法人税申告書印刷業務	費用対効果見込めず
庁内供用複写機の支払伝票一括作成・出力	費用対効果見込めず
土地登記情報入力業務	費用対効果見込めず
HPのお問合せメール転送事務	費用対効果見込めず、優先度低下
宛名登録	費用対効果見込めず、シナリオ作成に課題
（機能不足）	
Word文書へのルビ打ち作業	機能不足
確定申告第二表データの補完業務	AI-OCRを利用したデータ化がうまくいかなかったため
（セキュリティ上の問題）	
防災情報収集業務	セキュリティに課題
（その他）	
登記名義人情報入力業務	照合するデータが5割程度しか処理できないため
保育所運営費請求処理	紙資料のデータ化
特定健診申込み受付処理	紙資料のデータ化
事故だよりお知らせ入力業務	検討中のため
治療材料給付券支払業務	検討中のため
治療材料給付券更新申請書入力業務	検討中のため

第3章

RPA 導入の課題

1 自治体での RPA 導入の問題点・課題

付録として収録した今回の自治体に対するアンケートから多くの問題点・課題が出てきています（図表3-1）。

図表3-1 アンケートから見る自治体RPA導入の課題・問題点

項目	具体的内容
(1)全庁的取組みと理解	• 業務主管課の理解や導入意欲の低さ • 期待値が高すぎて、導入することそのものが目的化 • 業務担当者に理解してもらうのが難しい • とりあえず導入しないと RPA の実務的問題点・課題もわからない
(2)費用	• ライセンス数が少ないため、展開しづらい • RPA や AI-OCR の費用が高額で、経費削減にはつながりにくい • 効果の理解と財政的措置対応が難しい • RPA ツールがサブスクリプション[1]のため、導入時期がずれると予算措置や経理的処理が煩雑
(3) RPA ツールの選定	• RPA ツールの適格性判断、選択の難しさ • 各 RPA ツールに互換性がないため、一度入れた RPA ツールに縛られる可能性がある

1　買い切り型でなく、一定期間の利用権のみを購入し、継続利用する場合にはこれを更新するという方式です。

⑷ BPR 視点	• RPA は一手段。BPR、BPO（Business Process Outsourcing）なども必要。そのため、情報部門だけでなく行革部門・総務部門と組織横断的に業務改革に取り組む組織づくりが必要 • RPA ツールの選定や BPR との組み合わせ • 業務プロセス見直しまで踏み込めない
⑸業務の選定／紙申請	• 業務選定に苦慮 • スモールスタートで導入できる業務から始める • 紙申請が主になるため RPA のみでなく、OCR とのセット導入でないと効果が薄い • 紙申請の電子化がハードル • AI-OCR の LGWAN でのサービス提供待ち（セキュリティ課題）
⑹開発体制	• ロボット作成の内製化、外注化の選択 • 職員のみでの展開の可否 • 開発体制作りが課題 • 業務に精通した職員のシナリオ作成が望ましいが、スキルが必要 • 全庁展開に向けての開発体制の在り方
⑺ RPA の運用	• 画像認識の場合バージョンアップ等でエラーになる • 実行環境やサーバー側の応答時間によって、エラーが起こったり起こらなかったりする。プログラムのデバッグより難しい
⑻ IT ガバナンス構築	• 処理手順や、処理フローを共有できる体制が必要 • RPA ロボ作成ルール、評価基準、運用管理ルール策定方法 • 業務数が増加したら統制ルールを検討 • 「RPA 構築マニュアル」「RPA 運用マニュアル」等策定必要
⑼教育	• 研修が必須 • RPA 作成ノウハウの継承 • RPA ツールのチューニング、エラー回避等のスキル・ノウハウの共有、継承・他課展開 • 全庁展開に向けた人材育成の取組み
⑽支援	• 運用ルールの策定や業務の見直し及び処理フロー作成への支援などが全庁として必要 • シナリオ作成に業者の協力が大（複数） • RPA ツールだけでなく、「業務コンサルティング」や「シナリオ作成支援」などを含めた一体的サービスがほしい
⑾効果	• 時間短縮効果だけでは、費用対効果の評価ができない（特に小規模団体） • 定性的効果の評価も必要
⑿展開・拡大	• 類似業務へのシナリオ転用や他自治体とのシナリオ共有などにより、全庁的な横展開を図り、業務フローの可視化などによる業務見直しや業務改革の推進が必要 • 拡大に向けセキュリティ対策、開発体制・教育が重要 • RPA ツールに互換性がないため、一度決めたら移行が困難

それぞれの課題・問題点の内容を説明します。

⑴全庁的取組みと理解

まずRPAを導入しようとするきっかけが「トップダウン」か「ボトムアップ」であるかにかかわらず、全庁で理解を深めることの困難さが現れています。RPAやAIについての関心の高まりや、トップの期待（指示？）から情報部門で、導入推進を検討しても、実際は業務主管化で対象となる業務が行われており、その支持を取り付けるのに情報部門は、苦労しています。

⑵費用

RPAツールは、多くがサブスクリプションで提供され、ライセンス数で費用が決まります。また、管理ツールも別途必要になり、結果として費用が大きくなります。今までは、事業者等の費用負担で行うケースが多かったのですが、自ら予算化して実施しようとするときに、費用に見合う成果を出せず、財政との対応で苦労しているのが実態です。自治体の予算の特徴で、サブスクリプションの支払いに馴染みがないところもあり、予算の取り方に苦労しているところもあります。

⑶RPAツールの選定

RPAツールは、専業事業者や、IT事業者含め数多く出ており、その特徴も様々です。業務や運用形態、発展性等様々な視点から、選定することになります。「卵と鶏」的になりますが、対象業務が先に決まって、それに適合しやすいものが選定されるといいのですが、既定ツールありのケースもあり、必ずしもうまくいきません。また、いい悪いは別として自治体IT化で、問題になりがちな「ベンダーロックイン」という指摘もあるようです。

⑷BPR視点

RPAは業務改革の有効なツールであるといわれていますが、単に、現在の業務フローをロボットに置き換えただけでは、有効ではないという認識が一般的です。実際RPAを導入したところでも、RPAをより効果的に使おうしてフローから見直すことが多いようです。より成果を生むためには、BPRや場合によっては、BPOも含めて検討することになります。そのためには、「情報部門だけでなく行革部門・総務部門と組織横断的に業務改革に取り組む組織づくりが必要」という指摘が出てきます。

一部を試行的に実施するスモールスタートでは問題になりにくいですが、いざ拡大しようとすると全庁的課題、業務横断的課題になります。

⑸業務の選定／紙申請

業務の選定には、協力事業者も支援し、フローがあまり複雑でないものを選定しています。ただ、自治体の業務には、紙申請や紙リストから始まるものが多く、その入力に手間がかかり、AI-OCRも抱き合わせで導入を図っているケースも多くあります。しかし、手書き文字認識率が100%でないために、「再度チェックする」「事前に仕分けする」などを行う必要があり、新たな業務が発生したり、あるいは慣れた担当者が入力するほうが効率的との指摘もあり、業務選定に苦労しています。

⑹開発体制

RPAがプログラムレスであるといっても、それぞれに、技術的素養が必要なため、最初は協力事業者に頼ることになります。ただメンテナンスや、拡大時に体制をどうするかが大きな問題です。現実に職員だけで対応するには、時間的、技術的制約があります。協力事業者に依頼すると費用面の問題が大きくなり、費用対効果が出しにくいこともあり、大きな課題です。

⑺ RPAの運用

RPAは一般の業務アプリケーションと異なり、実行環境で、タイムアウト時には対応できないとか、対象システムの画面構成は変更された場合に見つけられなくなるなどといった特有のエラーがあります。人に代わってロボットが実行してくれるのですが、夜間に実行の際にこのようなエラーになることもあり、夜間実行は難しいという声も出ています。

⑻ IT ガバナンス構築

拡大しようとする際に、全体を統制する仕組みの構築の必要性が挙げられています。いわゆる「野良ロボット」[2]の氾濫や、同じような手順のものが複数できてしまうことの防止のため、「開発標準」や「運用標準」の策定が望まれています。また、開発スキルやチューニングスキルといった、ノウハウの共有化も必要です。

⑼教育

RPA は新しい技術であり、職員に周知されていないため、教育が重要です。RPA 化に向く業務と向かない業務の判断、BPR の必要性、シナリオ作成や、導入・運用・評価、そして人事ローテーションへの対応など、ライフサイクルを通じた場面場面において、教育が必要になります。

⑽支援

自助努力はもちろん必要ですが、本来業務に加えて RPA ロボット作成が負担になるのでは、本末転倒です。そこで、協力事業者に頼ることになりますが、シナリオ作成だけではなく業務コンサルティング的な支援の期待も挙げられています。業務改革自体は行政主体が原則ですが、残念ながら、行政には時間とノウハウが不足していることは否めません。

⑾効果

一部では、時間効果を大きく上げた自治体もありますが、小規模自治体では、もともと案件件数や処理機会が少ないため、大きな効果を生むに至っていません。また大中規模でも、投資対効果の得られるところまでは厳しいようです。「誤り減少」や、「処理ストレスの低減」といった定性的効果の数値化、さらには間接的効果として「市民対応時間の増

2　職員の異動や退職等により、把握、管理できていないロボットをいいます。

加」「本来業務への対応増加」など総合的な評価が必要です。

⑿展開・拡大

すでに挙げましたが、全庁的な業務改革や、他自治体とのシナリオ共有など、費用の増加を抑えながら、効果を生む方法の提言がなされています。

RPA ツールはそれぞれ特徴があり、選定に困ることがありますが、相互に互換性がないため、一度決めてしまうとほかの RPA ツールに移りにくいという問題も指摘されていました。確かに、「小さく産んで、育てる」といいながら、拡大に対応し難いツールもあり、当初からある程度先を見越した対応を考えておく必要もあります。また全体として、セキュリティの視点の重要性も意識されています。

2 基本となる視点

アンケートから見える RPA 導入の課題解決の前に自治体 IT 活用の問題点を見てみましょう。

RPA によって「オペレーションの合理化（省力化）を図る」というのが目的と考えがちですが、「市民サービスの向上や業務効率化などの視点で業務を見直し、そこに「IT（ここでは RPA）を適用して業務改革を実現する」という本来の視点を持っておくことが大切です。

その視点から見ると、以前から IT 化で指摘されているのと同様の問題点があります

⑴業務改革、改善する上での問題点

- 業務に関するフローや手順書の類が存在しない
- 現行業務処理を変えることへの強い抵抗
- 導入や更新の目的、目標があいまいかつ総花的
- 担当業務優先の「部分最適」意識

⑵仕様検討段階での問題点

- 自分たちの便利さだけを求めた改善
- 費用対効果の意識がなく、その頻度、リスクについて評価し、導入しない場合の被害額、対応方法など複数の面で検討するという基本的手順が不在
- 他人（事業者）任せのあいまいな要件定義（当事者意識の不足）

⑶ IT 化推進（IT ガバナンス）、能力の不足

- 企画、選定、開発、導入、評価それぞれの検討プロセスの不備
- 効果フォローによる継続的改善プロセスの未整備
- コミュニケーション不足による理解不足

3 BPR 目的の明確化

⑴ RPA の前に業務があることの徹底

第一に業務プロセスを明文化し、その問題点、解決すべき課題、業務改善ポイントなどを明確化することが必須です。そのためには、業務フローや DFD（データフロー図）などを作成することが必要です。事前の分析に時間をかけ、着眼点などを確認しながら進めたプロジェクト（システム導入）は成果を挙げています。このフェーズを「忙しい」「時間がない」などの理由で簡便に済ませると、追加修正による費用の増大はもとより、十分に効果が出ないリスクが高まります。

その中で、最も重要な点は、その業務全体、あるいは一部が本当に必要な業務であるかの見極めです。「今までやっているから」「（何に使われるのかの）目的が不明なまま漫然と資料を作成」などの、本来しなくてもいい業務や資料作りをし続けているというのが散見されます。

自治体の例ではないですが、ある企業で経営会議向けの資料が、毎月100種程度あるとのことで、実際にヒヤリングしてみると、すでに使うことがない資料や、ほかの資料に表示されているにもかかわらず、自分

の見やすさのためだけに作成しているものもあり、整理すると10種余りになったという経験があります。これと同様に、手順の煩雑さだけで見るのではなく、本来の目的を明確にして、業務の簡素化や廃止までを意識しておくことが最も重要な視点です。

⑵「業務の改革である」という目的・目標の明確化

導入においては、目的を明確にすることが重要です。単に「経費の削減」だけでなく「業務を改革することの目的」を明確にすることが必要です。例えば、「誤りの低減」という現場の課題だけでなく、組織全体として「本来業務に対応する時間の確保」を目的として捉え、それをベースとして、業務をどう変えればそれが実現するかという意識で検討できますし、機能として何が重要かを明確にすることができます。

結果として、機能の要否や目標値の設定も可能になるので、具体的な業務改革の成果が期待できます。

⑶費用対効果の評価を業務全体で

費用を検討する際に、単にシステム構築の効果だけではなく、「構築しないことによるリスク」や機会損失、臨時対応時間などを明確にすることも重要なポイントです。必要性を数値化することによって、客観的に評価することができます。こうした組み合わせが、必要な機能を適正な費用で導入することにつながります。

⑷全体最適意識の醸成

市民サービスの向上や業務効率化のためには、業務間の連携が重要です。例えば、システム導入担当部署が業務分析を行う際、今まで以上に周辺業務との関係を意識することが重要です。ほかの業務におけるデータ利用の内容まで知る必要はありませんが、どのように連携すれば業務の最適化を図ることができるかを考慮し、全体での成果を目指すよう意識すべきです。特にデータ項目の意味、定義が重要です。

⑸業務分析を支援できる人材の育成

これからの情報化担当部門は、単に「情報システムを作る」という業務だけでなく、「業務改革につなげるための要件整理や設計、運用などの支援をする」という高いレベルにシフトすることが求められています。そのためにはいくつかの手法やノウハウを持つ必要がありますが、それらは教科書や研修で身につくものではありません。OJT で育成していくことがより実践的であり、それにはIT の状況を把握するのはもちろん、「業務知識」「業務とIT の関係」「ほかの業務との関連」などの知識も必要です。

4 RPA ツールの選定の視点

RPA ツールの選定に当たっては協力事業者に影響を受けることが多いですが、先行自治体での考え方をまとめると以下のとおりです。

- 多くの形態（WEB、CS、リモート等）の業務アプリケーションに対応でき、全庁的に利用可能性があること
- 複数の認識方法を保有しているのが望ましい（オブジェクト認識、画像認識、座標認識）
- ノンプログラミングでシナリオが作成できること（GUI ツールが多い）
- マニュアルや画面構成が日本語であること
- シナリオの転用が可能なこと
- 自治体間連携も視野に入れた、シナリオの共同化に対応できること

5 業務選定について

本来の目的である業務改革について、RPA やAI の説明会を実施し、職員の理解を得ることが、まず必要です。特に業務処理部門は、現行の手法が最適と考えており、変更することに抵抗感があるのが一般的です。これは、複雑で多くの業務をこなすために努力しているので当然の

振舞いです。そこに、何らかの形で、BPR 的な気付きを提供することが重要で、一緒にやろうと職員の意識を喚起していくことが重要です。

さらに、定量効果だけでなく、ストレスの低減などの定性効果や本来業務時間の強化についても検討し、業務の棚卸しや可視化を進めながら RPA 適用の可能性を検討していくという進め方になります。

6 IT ガバナンスと教育

法令・制度改正など変更時の対応に向けて、シナリオのメンテナンスを容易にするため、マニュアルや業務フローなど、各種ドキュメントについて、記載ルール・改定履歴を含めて整備することが必要です。

また、新規業務への適応を検討する際は、類似のロボットがないかを調べ、できるだけ活用する姿勢が求められます。

以上を実現するため、全庁的な共通ルールを含んだガイドライン、マニュアルの整備と体制の構築が必要です。

ガイドラインの種類は以下のものが考えられます。

- 企画ガイドライン
- 開発ガイドライン
- 運用ガイドライン
- 評価ガイドライン

これらは、当初は十分でなくても構いませんが、利用がある程度拡大するまでには整備しておきたいものです。

7 効果の評価

当然ながら、処理時間の短縮は本来めざすべき効果です。この中には、RPA ロボット処理時間と導入以前の業務時間を比較するだけでなく、BPR の実施により全体を短縮できたものも含めて評価すべきです。

業務フローを記述して、RPAに最適となるシナリオを作成したのですから、評価するのは当然です。さらには、正確性の向上（誤り減少）も対象です。

定性的効果には、

- 確認作業のみで、ストレスが低減
- 情報収集の手間削減
- 業務フローを可視化するので、内在する問題点の発見につながる
- 同様に業務の引き継ぎに有効
- 確認項目の絞り込み

などがあります。上記の項目で見ても時間短縮につながっていると思われます。

また、本来業務対応時間・件数の増加、市民サービスの向上など、間接的効果も提示して理解を高めていきます。

8 役割の分担

業務アプリケーションと同様に、役割の分担と、それぞれの教育が必要です。一般的には分担は次のようになりますが、それぞれは十分にコミュニケーションをとって、相互に協力し合うことが重要です。他人任せは、結局成果を生みません。また、ツールの選定や業務選定については、全員が協力して、目標達成に向け行っていくことになります。

⑴現場部門（業務所管課）

- 業務の洗い出し
- 業務フローの作成
- 問題点の抽出
- 効果予測
- 仕組みの理解と実施
- 効果測定

- エラー発生時の代替手段

⑵情報部門、事業者

- RPA ツールの紹介
- 基盤の整備
- RPA ツールの導入
- RPA ツールの紹介
- 教育
- 運用手順
- 保守
- セキュリティ対策
- 野良ロボット防止のための IT ガバナンス構築
- エラー発生時の対応

⑶企画部門

- 予算の確保
- 費用対効果の算定、評価
- 全庁、対外 PR
- 推進計画立案

第4章

RPA 導入手順

1 計画の立案

RPA ツールは買ってきて、パソコンにインストールすれば一応動くというようなものではなく、その効果を生むには、業務アプリケーションと同じく、「目的の明確化と目標設定」、そして「設計」「開発」「導入実施」というステップでの計画を立てることが重要です。

業務の全体を俯瞰し、組織目標を「業務の改革」という視点で明確化し、その実現に向かって進めていくことになります。

2 具体的導入手順の概要

RPA 導入に当たっての一連の手順は次のようになります。

⑴ RPA の理解

⑵ 初期体制の構築

⑶ 対象業務の洗い出しと候補業務一覧の作成

⑷ 業務評価の実施

⑸ RPA 化業務一覧の作成

⑹ 開発業務決定

⑺ パイロット開発

⑻ 実施と効果測定

⑼ 導入評価

⑽ RPA 化業務一覧の見直し

⑾ 本格開発体制の構築

⑿ 開発実施

⒀ 運用の留意点

⒁ 効果評価

それぞれの手順について、以下概要を示します。

⑴ RPA の理解

導入事例として、大きく効果が上がった事例が報告されていますが、そのことだけで RPA が「伝家の宝刀」であるかのように、闇雲に導入するのでは、費用と時間がかかるばかりで、成果をうることは難しく、また継続して効果を出し続けることは困難です。やはり、機能の理解と、効果の上がる業務内容の理解が必要です。また、導入プロセスについても理解しておく必要があります。事業者からの情報だけでなく、導入先行者からのヒヤリングなども行って、「本当のところ」を理解しておくことが重要です。

⑵初期体制の構築

いわゆる「事業者任せ」になる事例が多く見られますが、継続して効果を上げるためには、自分たちの中で、初期から体制を構築しておく必要があります。具体的にはパイロット業務となる部署の責任者と担当者、情報部門の担当者で構成しておくことが本格開発に取り組み、継続して効果を上げる組織づくりの基本として望ましいと考えます。後にも述べますが、業務の理解と実施をしているのは担当部門ですし、組織全体の IT ガバナンスを担務し、いわゆる IT 活用の全庁整合性を図るのは情報部門です。この両輪がうまく機能することが成功組織の事例からも明らかです。いわゆるお互いの「やらされ意識」の払拭が大切です。

⑶対象業務の洗い出しと候補業務一覧の作成

時間、もしくは手順がいくつかの仕組みにまたがっており、単純であるが、手間のかかっている業務を抽出します。ここでは敢えて、目的が明確になっていない業務も挙げてみます。そうすることで、次のステップで、その業務の必要性について考えることができるようになり、次のステップで業務改革の視点を意識するようになります。

⑷業務評価の実施

上述した候補業務について、適合性を評価します。そのためには、各業務について、正確な業務フローの作成が必要です。そもそも、業務フローを記述できないものや、曖昧なものを除外することは、RPA に限らず業務アプリケーション作成時にも求められるものです。

ここでは、2つのステップがあります。

① 業務の見直し

業務の必要性について検討します。そのためには、業務目的の明確化、他業務との重複の確認があります。

② RPA 不適切業務の除外

明らかに、業務プロセスが「一部でも不明確なもの」や、「途中で人の判断が伴うもの」、または「✕・✕・等があれば」という「曖昧なもの」は不適切です。また、本来業務アプリケーションの範囲､少なくともEUC（End User Computing）で解決すべきもの、例えば、データベースからある条件のものを抽出して、リストし、集計するような処理は、RPA で実施する必要はありません。

⑸ RPA 業務一覧の作成

⑷で抽出した、PRA 適合業務の一覧表を作成します。業務名、業務内容、活用している画面（ファイル)、頻度（月何回)、処理フロー、期待される効果、難易レベルなどを整理することで、パイロット業務や、優先順位などを決める資料となります。これには、業務所管課だけでなく、情報部門や、事業者にも協力を求め、より精度の高いものを作成し

ましょう。

⑹開発業務決定

一覧表（候補）業務から、業務所管課と情報部門が協議して、選定します。ここでは、すべての候補が対象ですから、導入しやすいもの、成果の出やすいものなどの観点から順位付けを行い決定していきます。

事例では、導入しやすいが効果の低い業務を対象にしている団体と、効果は高いが導入の難易度が高く複雑な業務を優先して導入している団体とがあります。前者は内作（内部作成）、後者は外部委託によってシナリオを作成しています。

⑺パイロット開発

将来の本格開発を想定して、実施概要を決定し、開発とそれに伴うドキュメントも整備します。

① 実施者

- プロジェクト関係者
- 開発者

② 管理ドキュメント

- スケジュール
- 打ち合わせ資料

③ RPA 実装関連資料

- 仕様検討
- 設計
- シナリオ
- テスト
- デモ

④ 詳細設計書

⑻実施と効果測定

実施した結果をモニタリングし、その成果と問題点を出していくステップです。ここで大切なことは、当初想定していた効果と比較して、実際上どの程度の効果が出たかを、客観的に評価することです。もちろん最初ですので、効果が十分出ていないことも想定されます。担当者の不慣れや、仕様不備など通常の業務システムと同様のことが発生します。

⑼導入評価

効果測定が出なかった、あるいは不足した場合、その原因は何かを明確にしましょう。仕様の不足や、誤解などの機能要件はもちろん、不慣れ、機器の処理能力不足等の非機能要件についても**「客観的」**に評価します。同時に、開発上の問題点、稼働上の問題点、さらには、仕様変更（あれば）上の問題点、RPA ツールの問題点なども挙げていきます。ここでの評価、問題点から課題への展開がこの後の本格開発、あるいは利用拡大の大きなキーになります。

最初の業務そのものの評価と並んで、この部分を正確に、客観的にすることが、今後の開発効率、導入成果に大きく影響します。

⑽ RPA 化業務一覧の見直し

パイロット業務の RPA 化の評価を受けて、一覧表の見直しを行います。問題点、課題も意識して、全体の優先順位を見直します。この際に、現局の体制が構築できるかどうかも大きなポイントになりますので、業務の繁閑や要員の確保なども考慮して、スケジュール化を行います。もちろん開発が大規模になると、費用も増大しますので、費用対効果を第一に、費用規模も見ながら進めます。

⑾本格開発体制の構築

ここで問題になるのは、業務所管課中心の開発か、情報部門中心の開発か、さらには業務により並行で進めるのかということを決定しなければなりません。開発標準や、全体整合性などの IT ガバナンス的な部分は情報部門が担当し、開発・運用は業務所管課というのが一般的です。しかし、開発を業務の傍ら実施するのはなかなか大変ですし、開発が本来の業務でないためついつい、事業者を頼ってできたものについて、成果物を十分理解できていないということが起こりがちです。これを避けるには、成果目標を明確にしつつ、無理のないスケジュールと進捗管理を、「業務改革」などを推進する行革部門が担うことも適当かもしれません。

ただ、この体制では、「やらされ感」が出てしまい結局推進モチベーションが低下することもありますので、注意が必要です。

⑿開発実施

開発実施時のタスクは次のとおり、一般の業務アプリケーションとほぼ同一です。

① 端末、テスト環境準備
② 業務整理
③ ヒヤリング
④ 仕様設計
⑤ シナリオ実装・テスト
⑥ ユーザーテスト、フォロー

⒀運用の留意点

① セキュリティー対策

これも業務アプリケーションとほぼ同じです。シングルサインオン対応の有無もあり、利用者の特定や、変更手順などを整理する必要があります。

② インシデント対応

インシデントが発生した際の、フローと役割分担、レポートラインなどを取り決めておくことは、業務アプリケーションと同様です。ただ、RPA では、突然停止し処理が進まないことがあります。その際の代替ツール、もしくはスキップ手順を決めておくことが得策です。RPA に重要処理（マスター DB の更新など）は任せないと思いますが、報告書や会議資料などが遅れることによる弊害と影響を整理し、対応策を作成しておくことも必要です。

③ 「野良ロボット」対策

以前から、EUCでの資料作成が行われてきましたが、同じようなEUCが氾濫し、また、修正しようにも担当者が異動で不在となり対応ができないという、ITガバナンス上の問題があります。

「台帳方式」[1]などが提唱されてきましたが、属人的になりがちで「EUC地獄」などと呼ばれ問題は解決していません。RPAにも同じ危険性があります。そこで、管理ツールが提供され、ITガバナンス構築を支援しています。しかし、仕組みだけでは解決しません。しかるべき責任管理体制の構築は必須です。一般的に、情報部門がその責務を担いますが、情報部門も人手不足で対応が困難になってきています。そこに管理ツールをいかに組み込み、利用者、作成者が協力するかが、とりあえずはキーとなります。

⒁効果評価

RPAはサブスクリプションが多いため、毎年ライセンス料が発生し、効果の評価結果が次年度の予算要求に影響します。効果評価は、計画に対して達成したか否かを評価し、もし達成しなかった場合は、その理由とともに、改善策を検討します。このように、前向きにPDCAサイクルを実施します。

1　EUCの名前、インプット、アウトプット、処理内容、頻度、エラー処理などを整理した台帳に記入し共有する方式です。

第5章

RPAツールの選定

1　RPAツールの選定時の着眼点

流通しているRPAツールには、それぞれ特徴や利用形態によって差別化が図られています。逆にいうと、自治体の利用目的や、管理体制、将来への展望などをある程度確定したうえで選定していく必要があります。

現実には、自治体によって多くの種類のRPAツールが使われています。とりあえず経験しておこうということなら、事業者の支援が得やすいものが適切かと考えますが、庁内で今後どのように活用していこうかと検討する際には、整理が必要です。

⑴対象業務と、拡張可能性（デスクトップ型とサーバー型）

複数業務の連携や稼働状況の監視等、全庁集中管理を求めるか、個人や一部門で導入し、効果をすぐに得たいかどうかによって選定します。

①　デスクトップ型

パソコン1台ごとにRPAをインストールするタイプです。部門に特化した業務に限定されます。効果をすぐに得やすく、初期費用は低めです。ロボット稼働中は、PC業務ができなくなります。全庁拡大時には、ブラックボックス化の可能性が高く、管理が困難です。一部は、全体管理にも対応可能にできますが、その際の費用は高くなります。

② サーバー型

サーバーにRPAをインストールするタイプで、集中管理でき、全庁でのITガバナンスが効かせやすく、業務拡大にも対応しやすいです。多重、複数のパソコンで利用可能ですが、初期費用が高めです。また、管理を含めて、スクリプト作成などの知識が必要です。

アンケートでは、デスクトップ型43団体、サーバー型3団体、両方採用が1団体と、デスクトップ型が大半でした。いくつかの団体では、安価なデスクトップ型を使って実証実験を行い、成果を確認した後、サーバー型に切り替える計画を持っていました。また、デスクトップ型は、複数のライセンスが必要であるため、結果的に高価格になるとして、サーバー型1ライセンスのみを調達した団体もあります。

⑵ロボット作成の難易度

前提知識がそれほど必要でないものか、ある程度「.net」や「Java」などのプログラミングが必要になるかは、誰が開発するかによって変わります。シナリオ作成の利便性も検討対象で、日本語対応やGUIツールの扱いやすさもポイントです。

⑶価格体系

初期導入費用が安く導入の障壁が低いものが選ばれやすいですが、本格的に導入するときには費用がどのようになるかも見ておく必要があります。また、ライセンスの体系は年間ライセンスのものが多く、継続して費用が発生します。

⑷認識方法

WEBページからのデータ取得の際に、画面内の座標位置で認識するものと、オブジェクト認識も組み合わせて、画面変更にも対応しているものもあります。ただし、作成に知識が必要になります。

詳細に見ると、同一のRPAでも、対象によって、画像認識の場合とオブジェクト認識、座標認識など異なる認識方法をとっています。したがって、対象業務によって、得意不得意があることも認識しておくことが必要です。

⑸トレーニング体制

RPAツールの機能というより、そのトレーニングの仕組みや方法がどのようになっているかを知っておく必要があります。職員が全く手を入れずに作成することは考えにくく、ある程度の系統立った教育体系が整っていることも重要なポイントです。業務の拡張や改変時に費用をあまりかけずに、自ら実施することが成功のキーです。

⑹ログ・実行履歴管理

エラー発生や、障害発生時に原因を探るために必要です。また。監査証跡として必要になる場合もあります。

当初は単一所属の単一業務から簡易に始めて、効果を見極め、また効果の出る業務を見極めながら、その後に範囲や業務を拡張するのが一般的です。その際に、同一のRPAツールを利用するケースと、経験を踏まえて、新たなツールの選定を実施することも行われています。

2 主要RPAツールの特徴と概要

今回の調査において、自治体で利用されているRPAツールのいくつかの概要を紹介します。ただし、それぞれ技術革新を図っており、また新たなものも出てきており、選定に当たっては、最新の情報を入手し、またデモやプレゼンテーションを依頼して確認することをお勧めします。

⑴ WinActor

純国産ということでRPAツール自体だけでなく、サポートやマニュアル、研修プログラムまでがすべて日本語で作られています。また、

Microsoft Officeの各種アプリケーションに対応していますが、OCRを使う際、別途OCRソフトは必要です。PC上で操作を記録してRPAロボットに実行させせることが可能です（この機能は、レベルによりますが、備えているものが多い）。基本的には、デスクトップ型（RDA：Robotic Desktop Automation）で動作するため管理するのが難しいのが難点でしたが、サーバ型で管理するWinDirectorが提供されたことで改善されています。項目の認識が、一部画像認識方式であるため、アプリケーションの変更時には注意が必要です。また、教育サポート体制が開発元では未整備で、シナリオ作成などの支援は導入事業者に頼ることになります

⑵ UiPath

基本的にはUiPath Studioでロボットを作成し、UiPath Robotでロボットを実行する形で運用する形ですが、サーバー上で動かすBack Office Robotとデスクトップ上で動かすFront Office Robotの２種類が用意されています。

したがって、**デスクトップ型のPCをサーバー型の管理ツールで管理するという状態**となっているのが大きな特徴で、サーバー型とクライアント型の両方の性格を兼ねています。

認識はほぼオブジェクト認識で、比較的画面の変更には対応しやすいといわれています。また、複数ウィンドウやアプリケーションをまたいでのレコーディングも特徴です。ただし、それなりのプログラミングの知識が必要と思われます。

UiPath社が「Japan First」を謳って積極的な投資を行っているので、各種機能の改善が早いといわれているのも特徴でしょう。

また、UiPath Orchestratorによって各ロボットのスケジューリングや監視が可能なため、セキュリティも担保できます。

また、無償のトレーニングがあり、さらに有償にはなりますが、シナリオ作成のプロフェッショナルサービスが提供されています。

⑶ BizRobo!

BizRobo! は「サーバー型」中心のツールになります。

基本的にはサーバー上でロボットが動くため、ロボットによる自動化がバックグラウンドで行われ、実行するロボットの数だけ PC を用意する必要がないのが大きな強みです。

また、PC 上で動作するデスクトップ型より、一般的にはサーバー型のほうが、セキュリティが担保されているといわれています。今のところ英語対応です。

⑷ NEC 提供 RPA（Robosol）

NEC が提供する RPA ツールで、日本語で構成されています。画像認識に特化しており、作り方が一貫しているので習得が容易というのが、アピールポイントです。拡張機能でオブジェクト認識も可能になります。いわゆる、操作ログからのシナリオ作成機能はなく、あくまでも業務手順書前提です。導入の形態も３、６、12ヶ月のライセンスと買取もあり、導入は比較的容易といわれています。

⑸富士通提供 RPA（Axelute）

月額課金で手軽に始められる RPA ツールで、Windows 操作程度の知識で、業務部門で導入が容易にできるというのがうたい文句です。認識方式は、オブジェクトと座標に対応しています。人の操作を記録しロボット化、その後専用画面で編集するという方式ですが、業務改革には不向きかと思われます。全体管理用ツールも追加されています。

⑹ Automation Anywhere

オペレーション業務を再構築するビジネスプロセス管理（BPM：Business Process Management）を RPA ツールに取り入れ、業務の可視化や効率化を可能にしているのが大きな特徴です。

サーバー型の一元管理だけでなく、機械学習や自然言語処理技術を取り入れて多少のイレギュラーにも対応できるようになっています。サーバー上で一括管理するので、各種権限管理やデータ配信・メンテナンスがしやすく、将来的な業務量の変化に対応しやすいという特徴も持っています。AIの活用も対応しているといわれています。

さらに、高いセキュリティも備えていることも特徴ですが、日本語対応が未整備です。

3 RPAツール採用の実際

RPAツールについてまとめたアンケート結果は、図表5-1のとおりで

図表5-1 RPAツールと選定理由

（団体数）

RPAツールの種類		団体数	RPAツール選定理由（複数回答）					
			費用対効果	機能	調達の結果	事業者の試行	他団体視察	その他
WinActor		23(27)	7(19)	15(16)	7	5(6)	3	1(3)
WinActorとほかのツールを併用	WinActor. NEC製RPA	1						1
	WinActor. 富士通製RPA	1						1
	WinActor. iPas	1	1			1		
	WinActor. LuPa	1	11	1				
NEC製RPA		9	4	5	4			1
UiPath		5	3	3	1	2		
富士通製RPA		2		1				2
BizRobo!		2	1	1		2		
BizRobo! mini		2	1	2		1		
Automation Anywhere		1	1	1		1		
Autoジョブ名人		1				1		
Sychroid		1			1			
BluePrizm		1	1	1	1			
未定／調整中／未回答		4						
合計		55	30	30	14	13	3	6

（注1） アンケートでは、①WinActor、②UiPath、③富士通製RPA、④NEC製RPA、⑤その他の選択肢を用意し、その他は、直接RPAツールを記載していただきました（p.132参照）。
（注2） 1行目合計欄の（ ）内は、WinActorのみ導入（実証実験を含む）している団体とほかのRPAツールを併用している団体の合計を表しています。
（注3） RPAツール選定理由の「その他」は、6団体内2団体が「無償実証実験」としていました。

す。ここには実証実験中の団体が含まれるため、導入時点では、変更される可能性があります。RPA ツール選定理由は、機能比較が最も多く、次が費用対効果となっています。また、調達の結果が13団体あり自治体の調達ルールを反映したものといえます。

第6章

自治体 RPA の取組実態

1 自治体 RPA 化の傾向

RPA 化の方針や重点は、個々の自治体によって異なっています。全体的な傾向を知るためには、アンケート調査によることが有効と考え実施しました。その結果、RPA の取組実態について様々な情報を得ることができました。

調査内容は、① RPA の位置づけや推進組織、推進手順と役割、経費や RPA ツール名といった全体的なことと、②個別業務の名称や目的、作業時間削減見込み（年間）等といった個別業務の２本立てになります[1]（図表6-1）。

アンケート調査は、自治体のホームページや雑誌[2]インターネット等で紹介された100団体に郵送して行いました。調査期間は、2019年度の調達を実施した団体を中心に、運用が始まった頃を見計らい、2019年10月9日から11月29日まで行いました。回答は55団体[3]から得ることができ

1　アンケート調査票は、付録に掲載しています。

2　日経グローカル363号（2019年５月６日発行）の「特集 広がる自治体 RPA」p.21で紹介された自治体を参考にしています。

3　第２章で紹介した13団体のうち５団体は、アンケート回収した55団体に含まれます。

図表6-1 アンケートの調査内容

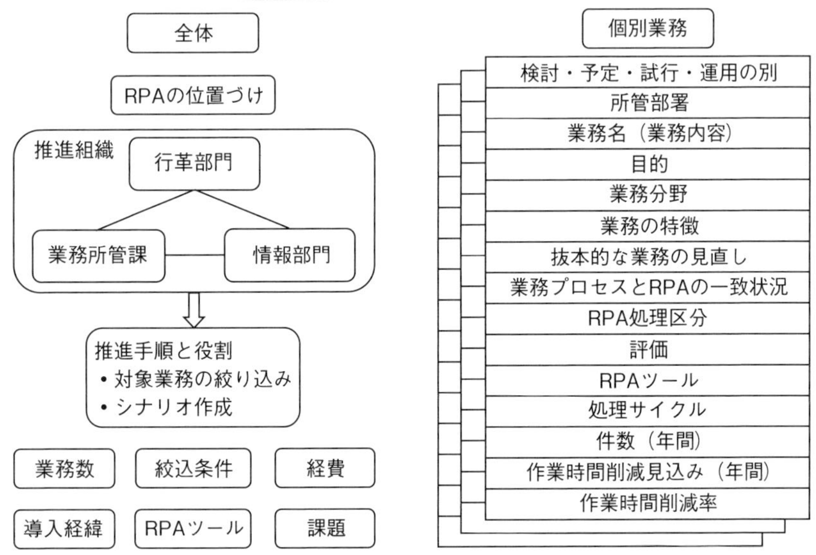

図表6-2 人口区分別団体数

人口規模	団体数
30万人以上	17
10万人以上30万人未満	21
10万人未満	17
合計	55

（回収率55％）、そこで試行・運用等を行っている業務数は累計163になりました（付録参照）。

回答を得た55団体の人口規模は、図表6-2のとおりです。

2 RPA化の目的

RPAの導入を進めていくうえで、導入目的を明確化することはRPA化展開の軸となり、拠り所となるものです。目的につながる設問とし

図表6-3　RPAの位置づけ（複数回答）

（団体数）

		位置づけの選択パターン[4]				合計
選択肢	現状業務効率化	●	●	●	●	52
	新たな業務効率化に利用		●	●		14
	新たな住民サービスに利用			●	●	3
小　計		37	12	2	1	52
未回答						3
合　計						55

（注）網掛部分の横計は、選択肢（複数回答）ごとの累計です。

て、「RPAの位置づけ」と「導入のきっかけ（解決したい課題）」を採用しました。

「RPAの位置づけ」の設問では、全ての団体が「現状業務効率化」を選択し、「現状業務効率化」のみとしている団体が37（約67％）、「新たな業務効率化に利用」と２本柱にしている団体が12団体（約22％）ありました（図表6-3[4]）。両方とも業務効率化に関する内容になります。

「導入のきっかけ（解決したい課題）」に対する回答は、「職員の時間外勤務増加」「業務量増に伴う人員確保困難」「職員の長時間労働常態化」のいずれか１つまたは複数となり、これらが課題であることを示しています（図表6-4）。また、「RPA試行による理解度向上」を選択した団体が11あることから、自治体内においてRPAの理解が進んでいない状況であることがわかります。そのほかには、「首長の意向」や「働き方改革への対応」がありました。

次に、個々の業務の目的についても整理しました（図表6-5[5]）。各業務にはそれぞれ特徴があり、特徴に応じた目的が設定されています。

4　表内の●は、自治体ごと選択項目の組み合わせをパターン化したものです。例えば、左から３列目は、選択肢の３つ全てを選択した自治体が２団体あることを示しています。図表6-4から図表6-21のうち●のついた図表も同様の見方です。

5　業務分野は、各団体の部署名を参考に設定しました。図表6-13から図表6-21も同様です。

図表6-4 導入のきっかけ（解決したい課題）（複数回答）

（別団体数）

選択肢	解決したい課題の選択パターン																小計
職員の時間外勤務増加	●	●		●	●	●					●						25
業務量増に対応した人員確保困難	●	●						●	●		●	●	●	●	●		22
職員の長時間労働常態化		●	●	●					●	●	●	●					21
RPA 試行による理解度向上						●	●			●	●		●	●			11
システム変更に伴う入力・出力作業増												●	●				2
その他															●	●	8
団体数	7	6	5	4	4	3	3	2	2	2	1	1	1	1	1	7	51
未回答																	4
合　計																	55

（注１） 網掛部分の横計は、選択肢（複数回答）ごとの累計です。
（注２） その他の内容は、「首長の意向」「業務効率化による職員負担の軽減」「恒常業務につき RPA との親和性が高いと考えられたため」「将来の職員数減少に対応し、市民サービスの維持・向上できる体制の構築が必要であると判断したため」等です。

業務別目的の設問では、「作業時間削減」は、ほぼすべての業務で選択されています（図表6-5）。「人為ミス防止」も73件と RPA への期待が反映されています。また、「システム改修費抑制」を目的としている業務が２件あります。業務システムの改修は一般に高額かつ期間を要するので、比較的安価で早く対応できる RPA を選択したケースです。例えば、入力しやすい画面を業務システムで作成するよりも、Excel データから RPA を使って画面遷移しながら項目を登録するシナリオを作成するほうが安価にできるからです。

3　組織体制

RPA 化の目的を達成させるためには、推進する役割を担う組織を決める、あるいは編成する必要があります。対象となる部門は、RPA を業務改革の一環として捉えた場合は行革部門、ほかの情報システムと同様に RPA 化をサポートする観点なら情報部門、そして導入する当事者

図表6-5　業務別目的（複数回答）

（業務数）

		目的の選択パターン									合計
選択肢	作業時間削減	●	●	●	●	●	●		●	●	160
	人為ミス防止		●	●		●					73
	作業品質向上			●						●	16
	システム改修費抑制					●		●	●		9
	業務引継ぎ円滑化						●				2
	その他				●						9
業務分野	住民課業務	1	5								6
	庶務業務	23	13	4	2				1		43
	健康・医療・年金	6	3								9
	児童福祉・子育て	8	2		1	1		1			13
	学校教育・青少年育成		2		1						3
	福祉・介護	2	10	3	4	1		1	1		22
	税	18	12	7	1		2				40
	総合窓口	1									1
	環境・ごみ	1									1
	災害対応		1							1	2
	その他	13	5	1		3					22
小　計		73	53	15	9	5	2	2	2	1	162
未回答											1
合　計											163

（注）　網掛部分の横計は、選択肢（複数回答）ごとの累計です。

としての業務所管課のいずれかになります。

推進部署は、図表6-6のとおり、情報部門単独が24団体と最も多く、次が情報部門と行革部門の共同推進となります。ここでは選択されていませんが、業務所管課主導により進めている団体もあり、それを可能にするのがRPAであるといえます。

次に予算要求と運用を担う部門について集計しました（図表6-7）。予算要求は、多方面、多階層への説明や合意を得る必要があり、RPA化推進の中心的な役割を果たすものです。運用は、RPAの円滑な活用、障害への対処、シナリオの修正を行います。

図表6-6 推進者（推進部署）（複数回答）

（団体数）

		推進者候補の選択パターン								合計
		単独部門			複数部門共同					
選択肢	首長	●			●					5
	行革部門		●			●	●	●		23
	業務所管課					●		●	●	9
	情報部門			●	●		●	●	●	39
小 計		4	5	24	1	6	11	1	2	54
未回答										1
合 計										55

（注） 網掛部分の横計は、選択肢（複数回答）ごとの累計です。

図表6-7 予算要求、運用主体

（団体数）

		選択パターン						未回答	合 計
		単独部門			複数部門共同				
選択肢	行革部門	●			●	●			
	業務所管課		●		●		●		
	情報部門			●		●	●		
予算要求		5	2	36	1	2	3	6	55
運用		0	12	20	2	0	14	7	55

予算要求はRPAツールや必要に応じてAI-OCRの調達が加わるため、その専門性を生かす情報部門が多くなっています。運用を担当する部署は、情報部門と業務所管課あるいは両部門の共同が大半です。これは、運用において予期せぬ停止や誤動作が起きた場合への対処が必要になるためです。

4 調達

調達には、どのRPAツールを選択するか、ライセンス形態はサーバ型にするかクライアント型にするか、シナリオ作成を内製化するか外注化するか等の方針を決める必要があります。また、紙媒体をデータ化するためには、OCRまたはAI-OCRの活用も検討対象になります。

RPAツールの選定は、第5章でも取り上げたので、ここでは、サーバ型かクライアント型かといったライセンス形態の導入実態を説明します。

ライセンス形態の導入実績は、図表6-8のとおり大半がクライアント型を導入しています。その理由は、RPA化のスタートにあたり経費を抑えることが共通認識となっているためです。シナリオ作成の容易なRPAツールがクライアント型であるといった要因もあります。また、サーバ型では、同時稼働時にサーバに負荷がかかって、RPAの動作が不安定になり、RPAの稼働に支障が出るのではないか、との懸念も聞かれました。しかし、クライアント型は、少ないライセンス数では展開しづらいことや管理が煩雑になる等のため、展開に際してはサーバ型の導入が増えると考えられます。

ライセンス数の調達状況を把握するため、RPAツールをインストールしたパソコンの台数を調査しました（図表6-9）。シナリオ作成機と運用機の合計台数が2台の自治体が15団体と最も多く、4台が7団体、3台が5団体と続きます。ここからもスモールスタートによりパソコンの台数を限定し、少ないクライアント型RPAツールを導入することで、経費を抑えている実態がわかります。

次に、AI-OCRの期待と課題について説明します。紙申請が多いこと

図表6-8　ライセンス形態

ライセンス形態	団体数
サーバ型	5
クライアント型	45
サーバ型とクライアント型の両方	1
未定／未回答	4
合　計	55

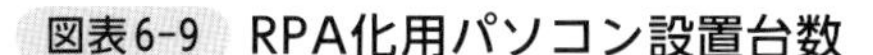

図表6-9　RPA化用パソコン設置台数

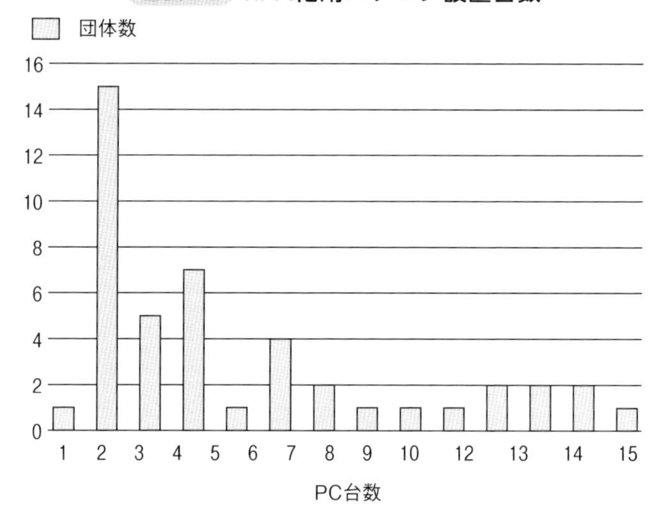

が業務効率化の阻害要因になっていることから、OCRやAI-OCRへの期待は大きくなっています。AI-OCRのLGWANでのサービス提供事業者が増えることが期待されています。一方で、OCRの読取精度（手書き分）が低いため導入に踏み切れない、AI-OCRの費用が高額で現状では費用削減にならない、Webを使ったAI-OCRはセキュリティ上の懸念がある、といった課題もあります。

これらの課題が改善すれば、AI-OCRとRPAとの連携による対象業務の広がりが期待できます。

最後に、調達に必要となる経費についての調査結果を紹介します（図表6-10）。調達の対象がRPAツールのみの場合、コンサルタント業務やシナリオ作成の委託経費を含む場合、AI-OCRを含む場合などで調達範囲が異なりますが、傾向を知るには有効です。

スモールスタートを反映してか、年間経費の最頻値は101万円から200万円、最大でも2,000万円以下となっています。今後、外部委託によって全庁展開する団体、サーバ型に移行する団体はより多くの経費を必要とします。

図表6-10　経費（年間）

（団体数）

金額区分（単位：万円）	1〜100	101〜200	201〜300	301〜500	501〜1,000	1,001〜2,000	2,001以上	未定未回答	合計
初期経費	6	10	4	6	8	2	0	19	55
運用経費	4	9	6	7	5	0	0	24	55

（注）実証実験中のため経費を要していない団体は「未定」に含まれます。

5　情報化手順と役割分担

RPA化の推進において、どのプロセスにどの部署が関与しているかを見ていきます。RPA化のプロセスとしては、概ね次のような段階を踏みます。

- 業務所管課に対する業務調査依頼：推進者は業務所管課の業務を知らないため、業務調査依頼をかけます。
- 繰り返し業務の把握：業務所管課がRPAに向く繰り返し業務を課内で抽出して推進者に回答します。
- 対象業務選定：業務調査によって収集した候補業務のうち、効果がもたらされると考えられる業務を選定してRPA化対象業務とします。
- 現状業務フロー作成：対象業務の内容を可視化するために業務フローを作成します。
- 業務の見直し：可視化された業務フローを見直し、属人的な作業はルール化します。
- RPA用業務フロー作成：RPA化のための業務フローを作成します。
- シナリオ作成：RPAツールを使ってシナリオを作成します。

各プロセスと各部署の役割について、まとめたのが図表6-11です。

行革部門は、上流工程を担っており、「業務所管課に対する業務調査依頼」から「対象業務選定」までが中心的な役割になっています。情報部門も同様に上流工程を担当し、さらに下流工程についても一定の役割

図表6-11 推進手順と部門間の役割

（団体数）

推進手順	担当部署						事業者等の支援	
	行革部門		業務所管課		情報部門			
	主担当	サポート	主担当	サポート	主担当	サポート	主	サポート
業務所管課に対する業務調査依頼	17	1	2	2	31	3	1	3
繰り返し業務の把握	12	1	17	2	23	9	5	4
対象業務選定	15	0	9	4	26	5	4	8
現状業務フロー作成	1	5	36	4	5	19	7	6
業務の見直し	1	5	34	2	3	17	2	7
RPA 用業務フロー作成	2	5	18	10	12	18	15	13
シナリオ作成	1	4	17	3	15	15	19	17

（注） 各行の主担当とサポートについて、主担当のみ（複数部門の場合もあり）の団体、サポートのみ（主担当は事業者）の団体等がありました。

を担っています。事業者は、その役割から「RPA 用業務フロー作成」や「シナリオ作成」を担うケースが多くなっています。

このプロセスにおける「業務所管課に対する業務調査依頼」から「シナリオ作成」までの期間はどの程度か、実績をまとめたのが、図表6-12です。概ね１カ月から４カ月程度でシナリオ作成が可能となっており、

図表6-12 シナリオ作成までの期間

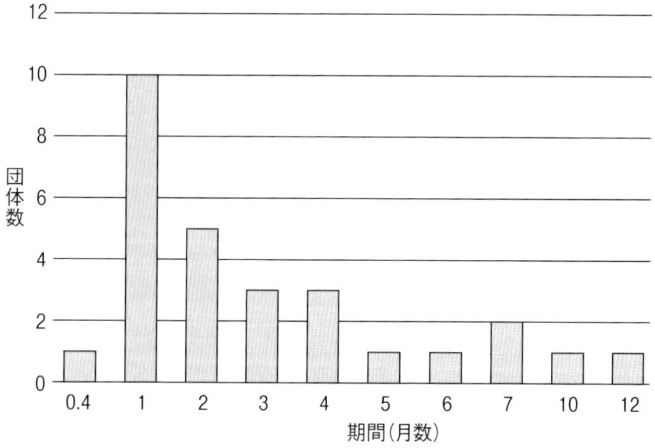

短期間で実現できていることがわかります。

6　RPA 対象業務の絞り込み

RPA 化にあたっては、対象業務の選定が最初に取り掛かかる作業になります。まずは、業務所管課に、RPA の概要や効果の理解を得るために、勉強会を開催する、個別に各業務所管課を訪問して説明するなど様々な活動を行っています。

次に、業務所管課に対する業務調査依頼をかけます。RPA の対象となる業務の特徴は、「単純な処理が多い」を筆頭に、「繁閑の差が大きい」「煩雑な処理が多い」「スピード優先」などです（図表6-13)。この

図表6-13　業務の特徴（複数回答）

（業務数）

		業務の特徴の選択パターン													合計
選択肢	単純な処理が多い	●	●				●	●		●			●		124
	繁閑の差が大きい		●		●					●	●	●			37
	煩雑な処理が多い			●		●	●			●	●		●		28
	スピード優先					●		●	●			●	●		9
	その他													●	2
業務分野	住民課業務	5				1									6
	庶務業務	26	4	4	5	1		1		2					43
	健康・医療・年金	7	1	1											9
	児童福祉・子育て	5	2	2	2								1	1	13
	学校教育・青少年育成	2		1											3
	福祉・介護	13	1	2	4			1	1						22
	税	22	10	2	2		4					1			41
	総合窓口	1													1
	環境・ごみ				1										1
	災害対応	1							1						2
	その他	13	1	4		1	1				1			1	22
合　計		95	19	16	14	3	5	2	2	2	1	1	1	2	163

（注）　網掛部分の横計は、選択肢（複数回答）ごとの累計です。

条件について、業務分野による違いは見られません。

効果見込みの判断には、実際に業務の流れを知る必要があり、例えば、操作の目視確認を行ったうえで決定するケースがありました。そして、絞り込みは、図表6-14の条件で行っています。例えば、紙申請の業務はデータ化が前提となることから、多くの場合除外せざるを得ません。

次に重視しているのは、「業務所管課の熱意」です。新しいことに挑戦するにはリスクを取る必要があるため、「業務所管課の熱意」は重要

図表6-14　絞り込み条件（複数回答）

	絞り込みの選択パターン											団体数
選択肢	効果見込み	●	●	●	●		●	●	●			43
	業務所管課の熱意	●			●	●		●	●	●		26
	シナリオ作成の容易性			●	●			●			●	19
	対象業務可視化済み						●	●	●	●		4
小　計		12	11	11	6	5	1	1	1	1	1	50
未回答												5
合　計												55

（注）　網掛部分の横計は、選択肢（複数回答）ごとの累計です。

図表6-15　対象業務の選定（調査によるRPA候補業務数と選定した業務数）

（団体数）

		To（選定後の業務数）				合計
		1～2	3～5	6～10	11以上	
From（選定前のRPA候補業務数）	1～10	3	2	1		6
	11～20	2	2	2	1	7
	21～30	1	1	1	1	4
	31～50			1		1
	51～70			1		1
	71以上（注）		1		1	2
小　計		6	6	6	3	21
未回答						34
合　計						55

（注）　最多業務数は147です。

な要因になります。ところで、業務所管課課の理解や導入意欲の低い部署は、候補業務を提出しない傾向もあるようです。

対象業務の絞り込みの実態を、選定前の候補業務数と選定後の業務数の関係で示しました（図表6-15）。選定前の候補業務は30以下が多く、その中から10業務程度以下に絞っている状況がわかります。ここで、選定前業務数が147で、そこから17業務に絞り込んでいる例があるなど、自治体によって状況は異なります。

7　業務の見直しと業務フローの作成

業務を絞り込んだ後のプロセスは、「現状業務フロー作成」「業務の見直し」「RPA用業務フロー作成」へと続きますが、その業務とRPAの関係性について、次の2つの視点から整理しました。

- 抜本的な業務の見直し：RPAを通じで業務改革を実行するとしている自治体の状況
- 業務プロセスとRPAの一致状況：業務プロセスとそれを自動化するRPAの範囲の異同

図表6-16は、「抜本的な業務の見直し」と「業務プロセスとRPAの一致状況」の両方の回答を一覧表示しました。

抜本的な業務の見直しに関しては、「現状業務をRPA化」が122業務（約74%）と大半を占め、業務改革が単純でないことの表れかと思われます。一方、「PBR化時に業務フローの大幅見直し」に「BPR化前に業務の見直し」を加えた業務数が42と約26%が何らかの業務見直しを行っています。

業務プロセスとRPAの一致状況は、「RPAは連続業務の一部」と部分的な活用が83業務（約51%）と過半数を占め、「PRAは業務と一致」とRPAへの移行できるものが41業務（約25%）になります。「RPA処理前後に追加処理」は、紙媒体のデータをExcelに入力してからRPA

図表6-16 抜本的な業務の見直し／業務プロセスとRPAの一致状況（複数回答）

（業務数）

		抜本的な業務の見直し						業務プロセスとRPAの一致状況				
		選択パターン					合計	選択パターン				合計
選択肢	現状業務をRPA化	●			●	●	122					
	PBR化時に業務フローの大幅見直し		●			●	27					
	BPR化前に業務の見直し			●	●		15					
選択肢	RPAは連続業務の一部							●				83
	PRAは業務と一致								●		●	41
	RPA処理前後に追加処理									●	●	38
業務分野	住民課業務	4	1	1			6	2	2	2		6
	庶務業務	33	8	2			43	18	14	9	2	43
	健康・医療・年金	9					9	5	2	2		9
	児童福祉・子育て	6	3	3			12	4	1	7		12
	学校教育・青少年育成	3					3	3				3
	福祉・介護	11	8	3			22	17	1	2	1	21
	税	32	4	3	1	1	41	21	9	9	2	41
	総合窓口	1					1	1				1
	環境・ごみ	1					1	1				1
	災害対応	1		1			2		1	1		2
	その他	19	2	1			22	11	6	1		18
小　計		120	26	14	1	1	162	83	36	33	5	157
未回答							1					6
合　計							163					163

（注）　網掛部分の横計は、選択肢（複数回答）ごとの累計です。

にて業務システムに登録する場合のExcel入力が代表的な事例です。

8　シナリオの作成

シナリオ作成を外部に委託するか、職員が行うか、さらに業務所管課と情報部門のどちらが担当するかを決めることは、影響の大きさから重要な方針決定事項になります。RPAは、ルールが明確でかつ単純な業務が対象になりますが、シナリオ作成はプログラミングのスキルを必要とするので簡単ではありません。自治体担当者の意見としても「シナリオ作成に現段階では業者の協力が不可欠」「職員にシナリオ作成スキルがない」等があります。シナリオ作成そのものが困難というだけでなく、運用において予期せぬ停止や誤動作が起きる可能性があるからです。誤動作が起きないように様々なケースを想定して、シナリオを作成する必要があり、一定程度熟練が必要とも考えられます。また、日常的な業務改善や制度変更など様々な要因によってシナリオを変更する必要があることから長期的な視点での検討が求められます。

シナリオ作成の課題を図表6-17に整理しました。全体の回答数が43件（約26%）と少ないものの「シナリオ作成の困難性」や「予期せぬ停止や誤動作」が回答の中心になります。

図表6-17　シナリオ作成の課題

（業務数）

		単一回答				複数回答				合計
選択肢	シナリオ作成の困難性	●				●	●	●		21
	予期せぬ停止や誤動作		●			●	●		●	21
	変更・修正作業が煩雑			●		●		●	●	10
	その他（デジタル化）				●					1
業務分野	住民課業務		1		1					2
	庶務業務	5	2			1			1	9
	健康・医療・年金		2							2
	児童福祉・子育て	1		1			1			3
	学校教育・青少年育成		1							1
	福祉・介護	1	3	2		2	1			9
	税	6	4	1				1		12
	災害対応		2							2
	その他	2		1						3
小　計		15	15	5	1	3	2	1	1	43
未回答										120
合　計										163

（注）網掛部分の横計は、選択肢（複数回答）ごとの累計です。

次に、シナリオ作成の具体的な内容を可視化するために、RPA ツールのどのような機能を使ってシナリオを作成しているのかを整理しました。

図表6-18のとおり、「データ操作（コピー＆ペースト、加工、修正）」が123件、「入力・登録」が112件と多くを占めています。業務面では、「データ操作（コピー＆ペースト、加工、修正）」と「入力・登録」を組み合わせた業務数が51と約31％になります。この RPA の処理は、元データから入力データを作成し、業務システムへの入力をしていることがわかります。

シナリオ作成の困難性や RPA ツールの利用機能について見てきたところで、シナリオ作成における担当部署（または外部委託）ごとの特徴や課題について整理しました（図表6-19）。

シナリオの作成は、業務に精通しているものの RPA を知らない自治体職員が行うか、RPA のスキルを持つものの業務を知らない事業者が行うかという相反関係にあります。業務に精通している業務所管課で作成することが合理的ですが、シナリオ作成の困難性から、事業者への外

図表6-18　シナリオ作成におけるRPAの利用機能

（業務数）

		シナリオの機能採用パターン																		合計
		単一機能				複数機能の組み合わせ														
機能	データ操作（コピー＆ペースト、加工、修正）	●				●	●	●		●	●	●	●		●	●	●			123
	入力・登録		●			●	●		●		●				●					112
	出力・印刷（ＰＤＦ化を含む）			●			●	●	●				●	●	●	●		●		52
	ホームページの検索・照会									●	●		●	●	●	●				11
	メール作業（受信、仕分け、保存、送信）				●							●	●					●	●	8
	その他																●		●	2
合計		25	24	6	2	51	30	5	4	3	2	2	2	2	1	1	1	1	1	163

（注）　網掛部分の横計は、選択肢（複数回答）ごとの累計です。

図表6-19　シナリオ作成部署ごとの特徴と課題

	自治体内部		外部委託
	業務所管課	情報部門	
シナリオ作成の難易度	簡易なシナリオ中心	簡易・中程度のシナリオ中心	難易度の高いシナリオ作成が可能
業務上の効果	一定の効果が期待	一定の効果が期待	高い効果が期待
シナリオの品質	部署によりバラツキ有	均質	高い、均質
課題	野良ロボットの蔓延 シナリオ作成の負荷	業務理解が必要 シナリオ作成の負荷	経費が高額 業務説明に負荷

部委託を検討することになります。実態として、難易度の低いシナリオは自治体内部で作成し、効果が見込めるものの難易度の高いシナリオは外部委託をするケース、事業者からのサポートを受けながら業務所管課が作成するというケースなど様々な工夫が見られます。

なお、シナリオ作成のスキルを自治体職員が獲得したとしても、シナリオの作成やテストに時間を取られるとの懸念もあるので、多面的に検討する必要があります。シナリオの品質を均質化するためには、類似業務へのシナリオ転用や他自治体とのシナリオ共有化などにより、全庁的な横展開の促進を図ることも重要になります。

9　RPAの導入状況

各自治体のRPA化の推進状況は、多くの場合、特定の部署での実証実験や一部本番運用をしている段階です。図表6-20に見られるように、26以上の業務の本番運用をしている団体がある一方で、予定と試行、実運用を合わせた合計の業務数1～5が28団体、6～10が12団体、大半の自治体は10業務以下とまだ緒に就いたばかりです。2019年度は多くの自治体で、業務所管課に希望を聞く「手上げ方式」や人的なつながりから対象業務を選定したうえで試行運用し、効果を検証していました。安価な予算で課題の解決ができるスモールスタートが一般的な進め方になっ

図表6-20　導入予定・試行導入・実運用の団体数

（団体数）

		予定・試行・実運用の状況分類							合計
		予定・試行・実運用のいずれか			予定・試行・実運用（複数）				
予定・試行・運用の別	予定	●			●	●		●	20
	試行		●		●		●	●	27
	実運用			●		●	●	●	22
予定・試行・運用の合計業務数	1から5業務	3	12	3	1	4	4	1	28
	6から10業務	4	2	1	1	1	3		12
	11から15業務	2	1			1			4
	16から20業務							1	1
	21から25業務		1		1				2
	26業務以上			1			2		3
小計		9	16	5	3	6	9	2	50
未回答									5
合計									55

（注１）　網掛部分の横計は、選択肢（複数回答）ごとの累計です。
（注２）　右縦列の予定・試行・実運用の合計が最多となった自治体の業務数は47です。

ています。

次にRPAの導入評価について見ていきます。図表6-21のとおり「作業時間中に手を取られない」が最も多いことから自治体職員は、様々な業務を遂行していると見られ、時間の有効活用を図ることを評価していると考えられます。そして、「早い時間（スピーディ）に処理」と「操作ミスの削減」は同程度の数になっています。

10　課題認識

RPAの課題は、これまでも触れてきましたが、全体の重点傾向は、図表6-22で説明できます。これはRPAの導入と拡大に関して、自治体の認識を集計したものです。30団体以上が課題と認識しているものに、「対象業務の選定」「費用対効果創出」「紙申請への対応」があります。

図表6-21 RPA導入評価

（業務数）

業務分野		選択パターン							合計
		単一回答			複数回答				
評価（効果）	作業時間中に手を取られない	●			●	●	●		106
	早い時間（スピーディ）に処理		●		●		●	●	61
	操作ミスの削減			●		●		●	59
業務分野	住民課業務	1			2	1	1		6
	庶務業務	13	2	2	4	9	4	2	43
	健康・医療・年金	6	1				2		9
	児童福祉・子育て	5			1	1			13
	学校教育・青少年育成	2							3
	福祉・介護	4	4		5	4			22
	税	9	1		9	2	4	8	41
	総合窓口				1				1
	環境・ごみ	1							1
	災害対応	1			1				2
	その他	3	1		5	2	3		22
小計		45	9	2	28	19	14	10	127
未回答									36
合計									163

（注） 網掛部分の横計は、選択肢（複数回答）ごとの累計です。

これらはRPA化に関する基本的な課題であり、それに対して19団体以下が認識している課題は、RPA化を進めるための具体的な課題になります。30団体以上が認識している３つの基本的な課題は、それぞれ関連があります。費用対効果はRPA化の重要な要因になることから、効果の出る業務を見出すのが難しくなります。紙申請は、関連する業務数が多く、何とかAI-OCRを使って文字認識できればと考えますが、経費面等から対象業務とすることに苦慮している様子が伺われます。

次に、19団体が課題と認識している全庁展開について説明します。RPA化を全庁的に進めていくには、関係各部署とのコミニュケーションの円滑化、理解を醸成することが必要になります。業務所管課の職員の協力を得ることが必要になるからです。そのためには、関係各部署と

図表6-22 導入時の問題点・拡大に対する課題（複数回答）

課題	団体数
対象業務の選定	37
費用対効果創出	36
紙申請への対応	33
予期せぬ停止や誤動作	19
全庁展開	19
利用者の理解不足	17
部門の役割分担	13
業務の引継ぎ	12
セキュリティ対策	7
特定の職員に業務が集中	5
「野良ロボット」の蔓延	5
その他	4(注)

（注） その他は、「エラー発生時の対応」「エラー発生時の業務運用」「内製化、予算措置」です。

のコミニュケーションの道具として、運用ルールの策定や、業務の見直し及び処理フロー作成といった支援策を講じることが有効です。これまでの実証実験の経験を通じて、実務的な効果や課題がわかったところから、次の段階に進めることが可能になったと思われます。

運用ルール等とは、利用者向けの「RPA利活用に関する方針」やシナリオ作成者向けの「RPAシナリオ作成ガイドライン」等のガイドラインと総称されるものとがあります。図表6-23は、自治体におけるガイドラインの有無や作成予定について集計したものです。

今後は、全庁展開のためにこれまでの知見を集約して、実証実験の経験を生かしたガイドラインの作成をすることが有効と考えます。

図表6-23 ガイドライン等の有無（団体数）

	RPA利活用に関する方針	RPA運用ガイドライン
有	0	1(注)
無	39	34
作成予定	16	20
合計	55	55

（注） 「RPAシナリオ作成ガイドライン」を作成しています。

付　録

RPAに関する アンケート集計結果（抜粋）

自治体のホームページやインターネット、雑誌に紹介された、100団体に対し郵送によるアンケートを実施しました。

- 調査期間：2019年10月９日から11月29日
- アンケート配布数：100団体
- アンケート回収数：55団体
- 回収率：55％

（注）この55団体と本書の１章、２章で紹介した５団体が重複しています。

●ＲＰＡに関するアンケート調査用紙

【ご回答にあたって】RPA の試行・導入等の予定がない場合は、Ｑ４に進んでください。

Ｑ１、RPA の導入概要を教えてください。（共通事項）

<table>
<tr><td>RPA の位置づけ</td><td colspan="2">①現状業務効率化、②新たな住民サービスに利用、③新たな業務効率化に利用</td></tr>
<tr><td>ガイドライン等の有無</td><td>RPA 利活用に関する方針：
有、作成予定、無</td><td>RPA 運用ガイドライン：
有、作成予定、無</td></tr>
</table>

<table>
<tr><td rowspan="4">担当部署</td><td></td><td>首長</td><td>行革部門</td><td>業務所管課</td><td>情報部門</td><td>事業者提案</td><td>その他</td></tr>
<tr><td>推進（提案）者</td><td></td><td></td><td></td><td></td><td></td><td></td></tr>
<tr><td>予算要求</td><td>＼</td><td></td><td></td><td></td><td>＼</td><td></td></tr>
<tr><td>運用主体</td><td>＼</td><td></td><td></td><td></td><td>＼</td><td></td></tr>
</table>

<table>
<tr><td rowspan="15">推進手順と役割分担
・主担当：○
・サポート：△
（複数部署が協働する場合は、複数部署に○か△）</td><td colspan="2" rowspan="2">想定される推進手順</td><td rowspan="2">実施有無</td><td colspan="3">役割分担</td><td rowspan="2">事業者支援</td><td rowspan="2">概算期間（月）</td></tr>
<tr><td>行革部門</td><td>業務所管課</td><td>情報部門</td></tr>
<tr><td colspan="2">①原課への業務調査依頼</td><td></td><td></td><td></td><td></td><td></td><td>起点</td></tr>
<tr><td colspan="2">②繰り返し業務の把握</td><td></td><td></td><td></td><td></td><td></td><td></td></tr>
<tr><td colspan="2">③対象業務選定（絞り込み）
（候補　業務⇒　業務）</td><td></td><td></td><td></td><td></td><td></td><td></td></tr>
<tr><td colspan="2">④現状業務フロー作成</td><td></td><td></td><td></td><td></td><td></td><td></td></tr>
<tr><td colspan="2">⑤業務の見直し</td><td></td><td></td><td></td><td></td><td></td><td></td></tr>
<tr><td colspan="2">⑥ RPA 用業務フロー作成</td><td></td><td></td><td></td><td></td><td></td><td></td></tr>
<tr><td rowspan="2">⑦シナリオ作成
（業務数　　）</td><td>当　初</td><td></td><td></td><td></td><td></td><td></td><td></td></tr>
<tr><td>拡　張</td><td></td><td></td><td></td><td></td><td colspan="2" rowspan="3">概算期間：調査依頼日を起点とした月数（⑦は代表業務）</td></tr>
<tr><td colspan="2">⑧費用対効果算定</td><td></td><td></td><td></td><td></td></tr>
<tr><td colspan="2">⑨条例変更（帳票書式変更等）</td><td></td><td></td><td></td><td></td></tr>
</table>

<table>
<tr><td>利用 RPA ツール</td><td>① WinActor、② UiPath、③富士通製 RPA、④ NEC 製 RPA、
⑤その他（　　　　　　　　　　　　）</td></tr>
<tr><td>ライセンス形態</td><td>①サーバ型、②クライアント型</td></tr>
<tr><td>RPA ツール選定理由</td><td>①費用対効果比較、②機能比較、③調達の結果、④事業者の試行、
⑤他団体視察、⑥その他（　　　）</td></tr>
<tr><td>予定等業務数</td><td>①導入予定（　　　業務）、②試行導入（　　　業務）、
③実運用（　　　業務）</td></tr>
<tr><td>RPA 対応ＰＣ数</td><td>①シナリオ作成可能台数（　　　台）、② 運用可能台数（　　　台）</td></tr>
</table>

対象業務絞込条件	①効果見込み、②対象業務可視化済み、③シナリオ作成の容易性、④業務所管課の熱意、⑤その他（　　）
費用及び経費	①初期費用（　　　　　　　万円)、②運用経費（　　　　　　万円／年）
導入のきっかけ、経緯（解決した課題）	①業務量増に対応した人員確保困難、②職員の時間外勤務増加、③職員の長時間労働常態化、④ RPA 試行による理解度向上、⑤システム変更に伴う入・出力作業増、⑥その他（　　　　）
導入時の問題点、及び拡大への課題（複数回答）	①対象業務の選定、②紙申請への対応、③費用対効果創出、④部門の役割分担、⑤予期せぬ停止や誤動作、⑥利用者の理解不足、⑦特定の職員に業務が集中、⑧「野良ロボット」の蔓延、⑨セキュリティ対策、⑩業務の引継ぎ、⑪全庁展開、⑫その他（　　　　　　　　）

（注） 経費の選択肢（下記の①から⑦、またはA、Bのいずれか）
①1～100万円、②101～200万円、③201～300万円、④301～500万円、⑤501～1000万円、⑥1001～2000万円、⑦2001万円以上
A：なし、B：算定不可（例、他の事業に含まれるため、ただし、推定可能の場合は①から⑪をご記入ください）

Q２、RPAの試行・運用等の代表例（実運用優先、削減時間の多い６業務まで）を教えてください。（個別業務）

予定・実績の別	主管部署	業務名（業務内容）						処理サイクル	作業時間削減見込み（年間）
目的(1)	業務分野(2)	業務の特徴(3)	抜本的な業務見直し(4)	業務プロセスとRPAの一致状況(5)	RPA処理区分(6)	評価(7)	RPAツール(8)	件数（年間）	RPA適用による削減率割合
検討・予定 試行・運用								日次、月次 年次、随時	時間／年
								件	%
検討・予定 試行・運用								日次、月次 年次、随時	時間／年
								件	%
検討・予定 試行・運用								日次、月次 年次、随時	時間／年
								件	%
検討・予定 試行・運用								日次、月次 年次、随時	時間／年
								件	%
検討・予定 試行・運用								日次、月次 年次、随時	時間／年
								件	%
検討・予定 試行・運用								日次、月次 年次、随時	時間／年
								件	%

（選択肢：(2)以外は複数選択可）

(1)目的：①作業時間削減、②作業品質向上、③人為ミス防止、④業務引継ぎ円滑化、⑤基幹システム等改修費抑制、⑥その他（　　　　）

(2)業務分野：①住民課業務、②庶務業務、③健康・医療・年金、④児童福祉・子育て、⑤学校教育・青少年育成、⑥福祉・介護、⑦税、⑧総合窓口、⑨環境・ごみ、⑩住民参加・共同、⑪文化・スポーツ、⑫災害対応、⑬その他（　　　　）

(3)業務の特徴：①繁閑の差が大きい、②煩雑な処理が多い、③単純な処理が多い、④スピード優先業務、⑤その他（　　　　　）
(4)抜本的な業務見直し（BPR）：① RPA 化前に業務見直し、② RPA 化時に業務フローの大幅見直し、③現状業務を RPA 化
(5)業務プロセスと RPA の一致状況：①一致、② RPA 化は連続業務の一部、③ RPA 処理前後に追加処理、④その他（　　　　　）
(6) RPA 処理区分：①データ操作（コピー＆ペースト、加工、修正）、②入力･登録、③出力･印刷（ＰＤＦ化を含む）、④メール作業（受信、仕分け、保存、送信）、⑤ホームページの検索･照会、⑥その他（　　　　　）
(7)評価：（プラス面）①操作ミスの削減、②作業時間中に手を取られない、③早い時間（スピーディ）に処理、④その他（　　　　　）
（マイナス面）⑤シナリオ作成の困難性、⑥変更･修正作業が煩雑、⑦予期せぬ停止や誤動作、⑧その他（　　　　　）
(8) RPA ツール：① WinActor、② UiPath、③富士通製 RPA、④ NEC 製 RPA、⑤その他（　　　　　）

Ｑ３、試行を行った業務の内、運用に至らなかった業務があれば教えてください。

業務名	理由①費用対効果見込めず、②機能不足、③セキュリティに課題、④優先度低下、⑤シナリオ作成に課題、⑥その他（　　　　　）

Ｑ４、RPA に関する推進方針、運用ルール策定、懸念事項、その他ご意見があればお願いします。

● RPA の試行・運用等（業務分野別）

業務分野	予定・実績の別	業　務　名	目　的（注1）	業務の特徴（注2）	抜本的な業務の見直し（注3）
住民課業務	試行	証明書の発行、住民基本台帳システムへの異動入力	作業時間削減、ミス防止	単純	現状業務
住民課業務	予定	特別徴収異動届のシステム入力	作業時間削減	単純	RPA 化前
住民課業務	運用	ご遺族手続き支援コーナー資料作成	作業時間削減、ミス防止	単純	現状業務
住民課業務	試行	20歳到達リストからの情報登録業務	作業時間削減、ミス防止	煩雑、スピード	現状業務
住民課業務	運用	転入通知入力業務	作業時間削減、ミス防止	単純	現状業務
住民課業務	予定	軽自動車税申告書入力業務	作業時間削減、ミス防止	単純	RPA 化時
庶務業務	検討	月次の集計業務	作業時間削減	単純	現状業務
庶務業務	試行	教職員の勤怠データ集計・月次報告書作成業務	作業時間削減、ミス防止	単純	現状業務
庶務業務	試行	市政だよりお知らせ入力業務	作業時間削減、ミス防止	単純	現状業務
庶務業務	運用	人間ドッグ等利用助成金交付業務	作業時間削減	繁閑差	現状業務
庶務業務	運用	職員 ID 等設定業務	作業時間削減	繁閑差	現状業務
庶務業務	予定	小規模工事・修繕発注実績一覧表の作成業務	作業時間削減	繁閑差	現状業務
庶務業務	予定	支出命令業務の自動化	作業時間削減	単純	RPA 化時

（注１～６）は p.160 に記載

業務プロセスと RPA の一致状況（注４）	RPA 処理区分（注５）	評価（注６）	RPA ツール	処理サイクル	件数（年間）	作業時間削減見込み（年間）	削減率（%）
部分業務のみ試行中	データ操作、入力	ミス削減／手を取られない／早い	WinActor	年次	36,200	1,189.00	40～45%
追加処理	データ操作、入力		NEC 製 RPA	随時	27,960	466.00	100.0
一部処理	データ操作、入力	手を取られない	NEC 製 RPA	月次	2	54.00	80.0
一部処理	データ操作、入力	ミス削減／手を取られない	WinActor	月次	900	25.00	32.3
一致	データ操作、入力	手を取られない／早い	WinActor	随時	2,700	225.00	検証中
追加処理	データ操作、入力	ミス削減／手を取られない／早い	WinActor	月次	56,000		
一致	データ操作	ミス削減	NEC 製 RPA	月次			
一致	データ操作	ミス削減／手を取られない	WinActor	月次			
一致	データ操作	早い	WinActor	年次	1,440	8.00	34.0
一部処理	データ操作、入力	手を取られない	NEC 製 RPA	月次	650	54.00	
一部処理	データ操作、入力	手を取られない	NEC 製 RPA	年次	500	20.00	
一部処理	データ操作、入力	手を取られない	NEC 製 RPA	月次	288	10.00	
追加処理	データ操作、入力、出力	手を取られない	NEC 製 RPA	月次	1,400	132.00	70.0

業務分野	予定・実績の別	業務名	目的（注1）	業務の特徴（注2）	抜本的な業務の見直し（注3）
庶務業務	予定	謝礼支払等および源泉徴収票発行業務	作業時間削減	単純	RPA 化時
庶務業務	試行	研修評価シート集計	作業時間削減	繁閑差、単純	現状業務
庶務業務	運用	支出業務（全庁統一の支払い手続き）	作業時間削減、品質向上、ミス防止	単純	現状業務
庶務業務	試行	出退勤処理	作業時間削減	単純	現状業務
庶務業務	運用	診療所に関する支払業務	作業時間削減、ミス防止	単純	RPA 化時
庶務業務	試行	査定結果を財務会計システムに入力	作業時間削減、品質向上、ミス防止	煩雑	現状業務
庶務業務	予定	正規職員の残業申請書の確認とシステム入力	作業時間削減、ミス防止	繁閑差、単純	現状業務
庶務業務	予定	非常勤職員賃金計算	作業時間削減、ミス防止	繁閑差、単純	現状業務
庶務業務	予定	就学援助業務口座入力	作業時間削減	単純	現状業務
庶務業務	運用	支出命令書作成	作業時間削減、ミス防止	単純	現状業務
庶務業務	試行	源泉徴収票作成業務	作業時間削減、ミス防止	繁閑差、単純	現状業務
庶務業務	運用	情報セキュリティに関するチェックシート集計	作業時間削減、ミス防止	繁閑、煩雑、単純	RPA 化時
庶務業務	運用	事務事業評価シート入力チェック	作業時間削減	繁閑差	現状業務
庶務業務	運用	職員ヘルスチェックシート送付・集計	作業時間削減、ミス防止	単純	RPA 化前

業務プロセスとRPAの一致状況（注4）	RPA処理区分（注5）	評価（注6）	RPAツール	処理サイクル	件数（年間）	作業時間削減見込み（年間）	削減率（%）
追加処理	データ操作、入力、出力	手を取られない	NEC製RPA	随時	258	136.00	50.0
一部処理	データ操作	ミス削減／手を取られない	WinActor	随時	60	16.50	33.2
追加処理	入力	ミス削減／手を取られない	WinActor	月次	約120	36.00	約55
一致	データ操作	手を取られない	Autoジョブ名人		約240	126.00	60.0
一致	データ操作、入力	手を取られない	WinActor	月次	1,000	50.00	50.0
一致	データ操作、入力	ミス削減／手を取られない	UiPath		5	20.00	
一部処理	入力		SynchRoid	月次	4,080	142.00	70.0
一部処理	入力		SynchRoid	月次	12	235.00	70.0
一部処理	データ操作、入力	手を取られない	NEC製RPA	年次	50	1.60	50.0
一致	入力・出力	手を取られない／早い	WinActor	月次	360	34.00	81.0
追加処理	データ操作、入力	ミス削減／早い	富士通製RPA	月次	1,078		
一部処理	データ操作	ミス削減／手を取られない	WinActor	年次	1,100	91.00	90.6
一部処理	データ操作	ミス削減／手を取られない	WinActor	随時	1,000	91.00	62.7
一部処理	データ操作、メール	ミス削減／手を取られない	WinActor	年次	1,000	50.50	35.0

業務分野	予定・実績の別	業　務　名	目　的（注1）	業務の特徴（注2）	抜本的な業務の見直し（注3）
庶務業務	運用	月計資料ダウンロード作業	作業時間削減	単純	現状業務
庶務業務	運用	庁内運用推進員調査票集計	作業時間削減、ミス防止	繁閑差	現状業務
庶務業務	試行	職員アンケート等の集計業務	作業時間削減、ミス防止	単純	現状業務
庶務業務	試行	建設工事等における設計単価等の情報公開業務	作業時間削減、ミス防止	煩雑、スピード	現状業務
庶務業務		時間外勤務の警告、エラー送信	作業時間削減	単純	現状業務
庶務業務		郵便料金業務	作業時間削減	単純	現状業務
庶務業務	試行	交通費における経路確認業務	作業時間削減	単純	現状業務
庶務業務	予定		作業時間削減	単純	現状業務
庶務業務	予定		作業時間削減	単純	現状業務
庶務業務	予定		作業時間削減	単純	現状業務
庶務業務	予定		作業時間削減	単純	現状業務
庶務業務	予定		作業時間削減	単純	RPA 化時
庶務業務	試行	車両管理システムから日誌未記入者を抽出し、対象者に向けて記入催促メールを配信する処理を自動化	作業時間削減	単純	現状業務

業務プロセスとRPAの一致状況（注4）	RPA処理区分（注5）	評価（注6）	RPAツール	処理サイクル	件数（年間）	作業時間削減見込み（年間）	削減率（%）
一致	出力	手を取られない	WinActor	月次	250	43.50	90.6
一部処理	データ操作	ミス削減／手を取られない	WinActor	年次	120	8.00	84.6
一部処理	データ操作、入力	ミス削減／手を取られない	WinActor	随時	60	6.00	85.6
一部処理	データ操作、入力	ミス削減／早い	WinActor	随時	280	56.00	63.2
一部処理	メール	手を取られない	UiPath	日次	720	310.00	86.0
一部処理	データ操作	手を取られない	UiPath	月次	600	260.00	72.0
一部処理	データ操作、HP	手を取られない／早い	WinActor 富士通製RPA	月次	18,000	130.00	90.0
追加処理	データ操作、入力、出力		UiPath	日次	54,065	3,604.00	50.0
追加処理	データ操作、入力、出力		UiPath	月次	7,761	1,053.00	80.0
追加処理	データ操作、入力、出力		UiPath	日次	28,617	477.00	50.0
一致	データ操作、入力、出力		UiPath	月次	2,331	194.00	100.0
一致	データ操作		UiPath	日次	1,440	118.00	100.0
一致	データ操作、出力、メール、HP	手を取られない／早い	WinActor	日次	720	70.00	88.0

業務分野	予定・実績の別	業　務　名	目　的（注１）	業務の特徴（注２）	抜本的な業務の見直し（注３）
庶務業務	試行	CMS移行に伴う、データエクスポート作業	作業時間削減	単純	現状業務
庶務業務	運用	財務会計システム　支出命令伝票起票処理	作業時間削減、品質向上、ミス防止	単純	現状業務
庶務業務	予定	市場実費弁償金調定伺・納付書作成業務	作業時間削減、その他	煩雑	RPA化時
庶務業務	試行	全庁からメールで提出される人事評価シート等のファイル集約業務	作業時間削減、品質向上、ミス防止	煩雑、スピード	現状業務
庶務業務	試行	照会回答催促	作業時間削減	単純、スピード	現状業務
庶務業務		公共料金の支払業務	作業時間削減、ミス防止	煩雑	RPA化前
庶務業務	予定	時間外勤務実績管理業務	作業時間削減、抑制	単純	RPA化時
庶務業務	運用	人事給与管理業務	作業時間削減、その他	煩雑	現状業務
庶務業務	予定	支出命令書作成業務	作業時間削減	単純	RPA化時
健康・医療・年金	試行	国保特定健康診査受診券の発送業務	作業時間削減、ミス防止	繁閑差、単純	現状業務
健康・医療・年金		特定保健指導利用券作成	作業時間削減	単純	現状業務
健康・医療・年金	予定	訪問先の地図作成	作業時間削減	単純	現状業務
健康・医療・年金	試行	国民健康保険の療養費・福祉医療の償還払い等の支払業務	作業時間削減、ミス防止	単純	現状業務

業務プロセスとRPAの一致状況（注4）	RPA処理区分（注5）	評価（注6）	RPAツール	処理サイクル	件数（年間）	作業時間削減見込み（年間）	削減率（%）
一致	出力、HP	手を取られない／早い	WinActor	臨時	4	30.00	100.0
一部処理	データ操作、入力	ミス削減／手を取られない／早い	BizRobo!	随時	3,000	200.00	80.0
一部処理	データ操作、入力	早い	WinActor	月次	12	168.00	35.0
一致	メール、その他	ミス削減／手を取られない／早い	富士通製RPA	年次	5,600	186.00	96.9
一部処理	メール	ミス削減／手を取られない／早い	Automation Anywhere	随時	180	603.00	20.0
一致	データ操作	ミス削減	BizRobo!	随時	200	51.00	48.0
追加処理	データ操作、入力、出力	ミス削減／手を取られない／早い	WinActor	月次			
一部処理	データ操作、入力、出力	手を取られない	WinActor	月次		494.00	80.0
追加処理	データ操作、入力、出力	手を取られない	Blue Prism	随時	3,170	26.40	27.0
一部処理	データ操作、その他	手を取られない	WinActor	月次			
一致	データ操作	早い	富士通製RPA			12.00	66.0
一致	データ操作、HP	手を取られない	NEC製RPA	日次	35	348.00	100.0
一部処理	データ操作、入力、出力	手を取られない	WinActor	月次			

業務分野	予定・実績の別	業務名	目的（注1）	業務の特徴（注2）	抜本的な業務の見直し（注3）
健康･医療･年金	試行	後期高齢者保険の還付業務	作業時間削減、ミス防止	単純	現状業務
健康･医療･年金		健康診断結果集計業務	作業時間削減	単純	現状業務
健康･医療･年金	試行	高額療養費支給異動入力業務	作業時間削減	単純	現状業務
健康･医療･年金	予定	請求書印刷、請求金額確定	作業時間削減	単純	現状業務
健康・医療・年金，福祉・介護	運用	システム移行に伴うPDFデータの作成	作業時間削減	煩雑	現状業務
児童福祉・子育て	試行	保育所入所事務	作業時間削減、ミス防止、抑制	繁閑差	RPA化時
児童福祉・子育て	試行	保育所等申請書等入力業務	作業時間削減	単純	RPA化時
児童福祉・子育て	試行	保育料口座振替依頼データ業務	作業時間削減	単純	現状業務
児童福祉・子育て	試行	保育所等支給認定業務	作業時間削減	単純	RPA化時
児童福祉・子育て	試行	保育施設への運営費支出	作業時間削減	煩雑、単純、スピード	RPA化前
児童福祉・子育て	運用	児童手当業務	作業時間削減、ミス防止	単純	現状業務
児童福祉・子育て	運用	電子申請サービスの申請受付処理業務	作業時間削減、ミス防止	煩雑	現状業務
児童福祉・子育て	予定	児童手当の増額申請のシステム入力	作業時間削減	繁閑差、単純	RPA化前
児童福祉・子育て	予定	現況届のシステム入力	作業時間削減	繁閑差、単純	RPA化前

業務プロセスとRPAの一致状況（注4）	RPA処理区分（注5）	評価（注6）	RPAツール	処理サイクル	件数（年間）	作業時間削減見込み（年間）	削減率（%）
一部処理	データ操作、入力、出力	手を取られない	WinActor	月次			
一部処理	データ操作、入力	手を取られない／早い	BizRobo!	随時	180	90.00	64.0
追加処理	入力	手を取られない	WinActor	月次	3,500	525.00	78.0
追加処理	出力	手を取られない	WinActor				
一部処理	データ操作、出力	手を取られない／早い	NEC製RPA	随時	12,000		
不明	データ操作、入力	不明	未定	日次	300	不明	
追加処理	入力		WinActor	年次	2,000	406.00	
一致	出力		WinActor	月次	12	60.00	
追加処理	入力		WinActor		1,000	24.00	
追加処理	データ操作、入力、出力	手を取られない	WinActor	月次	12	10.00	98.6
一部処理	入力・出力	ミス削減／手を取られない	WinActor	随時		1,400.00	
一部処理	データ操作、出力、メール、HP	手を取られない	WinActor	随時		300.00	
追加処理	データ操作、入力		NEC製RPA	随時	1,500	37.50	50.0
追加処理	入力		NEC製RPA	年次	12,000	300.00	100.0

業務分野	予定・実績の別	業　務　名	目　的（注１）	業務の特徴（注２）	抜本的な業務の見直し（注３）
児童福祉・子育て	予定	保育の必要性認定業務	作業時間削減、その他	煩雑	現状業務
児童福祉・子育て	予定	子ども医療費助成資格登録作業	抑制	その他	なし
児童福祉・子育て	試行	月次データの抽出作業	作業時間削減	繁閑差	現状業務
児童福祉・子育て	予定	認定保育園への加算認定	作業時間削減	単純	現状業務
学校教育・青少年育成	運用	児童見守り推進事業	作業時間削減、ミス防止	単純	現状業務
学校教育・青少年育成	試行	財務システムの簡略化	作業時間削減、ミス防止	単純	現状業務
学校教育・青少年育成	検討	就学援助業務	作業時間削減、その他	煩雑	現状業務
福祉・介護	試行	治療材料給付券支払業務	作業時間削減、ミス防止	単純	現状業務
福祉・介護	試行	治療材料給付券更新申請書入力業務	作業時間削減、ミス防止	単純	現状業務
福祉・介護		重度心身障害者医療費助成	作業時間削減	単純	現状業務
福祉・介護	試行	身体障害者手帳情報登録	作業時間削減、ミス防止、抑制	単純	RPA 化時
福祉・介護	運用	資格者証一斉印刷業務	作業時間削減、抑制	単純	現状業務
福祉・介護	試行	負担限度額認定申請のシステム入力	作業時間削減、ミス防止	繁閑差	RPA 化時
福祉・介護	検討 試行	生活保護業務（法第29条調査照会文書データ登録業務等）	作業時間削減、ミス防止	繁閑差、単純	現状業務
福祉・介護	運用	介護保険審査業務	作業時間削減、ミス防止	スピード	RPA 化時

業務プロセスとRPAの一致状況（注4）	RPA処理区分（注5）	評価（注6）	RPAツール	処理サイクル	件数（年間）	作業時間削減見込み（年間）	削減率（%）
追加処理	データ操作、入力、その他	手を取られない	WinActor	随時	3,600	63.00	15.0
一部処理	データ操作、入力	ミス削減／手を取られない／早い	WinActor	年次	30,000		
一部処理	データ操作、出力	手を取られない	NEC製RPA	月次	700		
追加処理	入力	手を取られない	WinActor				
一部処理	データ操作、入力	手を取られない	NEC製RPA	月次	50	15.00	75.0
一部処理	データ操作、入力、出力	手を取られない	WinActor	随時			
一部処理	入力・出力	その他	WinActor	年次		未測定	
追加処理	入力・出力	早い	WinActor	年次	720	20.00	39.0
追加処理	入力	早い	WinActor	年次	2,000	9.00	19.0
一致	データ操作	早い	NEC製RPA	月次		180.00	97.0
不明	データ操作、入力	不明	未定	月次	600	不明	
一部処理	データ操作、出力	手を取られない	WinActor	月次	7,200	60.00	60.0
一部処理	データ操作、入力		WinActor	随時	6,000	200.00	40.0
一部処理 追加処理	データ操作、入力	ミス削減／手を取られない／早い	ipaS	年次	調整中	調整中	
一部処理	データ操作、入力、出力	ミス削減／手を取られない	WinActor	随時		1,200.00	

業務分野	予定・実績の別	業　務　名	目　的（注１）	業務の特徴（注２）	抜本的な業務の見直し（注３）
福祉・介護	運用	手当申請書をAI-OCR電子化し、システムに自動入力	作業時間削減、ミス防止	煩雑	RPA化時
福祉・介護	運用	経理業務	作業時間削減、品質向上、ミス防止	単純	現状業務
福祉・介護	予定	主治医意見書依頼書のシステムからの発行	作業時間削減	単純	現状業務
福祉・介護	運用	避難行動要支援者名簿同意書受付業務	作業時間削減、品質向上、ミス防止	単純、スピード	RPA化時
福祉・介護	予定	調査票の結果を厚労省の障がい認定区分ソフトへの入力	作業時間削減、品質向上、ミス防止	単純	RPA化前
福祉・介護	予定	保健福祉支援カードの新規登録・更新	作業時間削減、ミス防止	単純	現状業務
福祉・介護	運用	福祉手当資格管理情報整理簿作成処理	抑制	単純	現状業務
福祉・介護	予定	審査会委員報酬支払業務	作業時間削減、その他	繁閑差	現状業務
福祉・介護	予定	要介護認定申請受理・割当業務	作業時間削減、その他	繁閑差	RPA化前
福祉・介護	予定	主治医意見書作成依頼及び認定調査依頼業務	作業時間削減、その他	繁閑差	RPA化前
福祉・介護	予定	自立支援医療（精神通院）進達業務	作業時間削減、ミス防止	単純	RPA化時
福祉・介護	予定	障がい児サービス支給決定業務	作業時間削減、ミス防止	単純	RPA化時
福祉・介護	予定	生活保護費返納処理業務	作業時間削減、ミス防止	単純	RPA化時

業務プロセスとRPAの一致状況（注4）	RPA処理区分（注5）	評価（注6）	RPAツール	処理サイクル	件数（年間）	作業時間削減見込み（年間）	削減率（%）
一部処理	データ操作、入力	ミス削減／手を取られない	WinActor	随時		900.00	
一部処理	データ操作	ミス削減／手を取られない	WinActor	日時	約13000	84.00	約81
一部処理	出力		NEC製RPA	日次	27,048	60.20	80.1
一部処理	入力	早い	UiPath	年次	36,000	3,000.00	80.0
一部処理	データ操作、入力	ミス削減／手を取られない	UiPath	随時	300	200.00	
一部処理	入力		SynchRoid	随時	15,000	140.00	70.0
一部処理	データ操作、入力、出力	ミス削減／手を取られない／早い	BizRobo!	随時	6,960	348.00	98.0
一部処理	データ操作、入力	手を取られない	WinActor	月次	3,000	60.00	50.0
一部処理	入力	手を取られない	WinActor	月次	22,800	492.00	20.0
一部処理	出力	手を取られない	WinActor	月次	26,400	78.00	33.0
一部処理	データ操作、入力、出力	ミス削減／手を取られない／早い	WinActor	月次	5,000		
一部処理	データ操作、入力、出力	ミス削減／手を取られない／早い	WinActor	月次	1,500		
一部処理	データ操作、入力、出力	ミス削減／手を取られない／早い	WinActor	月次	1,000		

業務分野	予定・実績の別	業　務　名	目　的（注1）	業務の特徴（注2）	抜本的な業務の見直し（注3）
福祉・介護	検討	介護保険料還付業務	作業時間削減、その他	煩雑	現状業務
税	検討	軽自動車税の受付審査業務	作業時間削減、ミス防止	単純	RPA化前
税	試行	国税連携データのダウンロード・印刷	作業時間削減	単純	現状業務
税	運用	特別徴収給与所得者異動届出書処理	作業時間削減、ミス防止	単純	現状業務
税	運用	資料回送登録	作業時間削減、ミス防止	単純	現状業務
税	運用	申請書入力業務	作業時間削減、ミス防止	単純	現状業務
税	運用	給与支払報告書入力業務	作業時間削減、ミス防止	繁閑差、単純	現状業務
税	検討 試行	個人住民税（給与支払報告、特別徴収に係る給与所得者異動届書）	作業時間削減、ミス防止	繁閑差、単純	RPA化前 現状業務
税	運用	返礼品の発送に関する発注情報管理	作業時間削減、ミス防止	繁閑差、単純	RPA化前
税	予定	法定調書のシステム登録	作業時間削減、ミス防止	繁閑差、単純	現状業務
税	予定	法務局提供登記異動情報データベース化	作業時間削減、ミス防止	単純	現状業務
税	予定	土地・家屋登記異動情報のシステム入力	作業時間削減、ミス防止	単純	現状業務
税	予定	還付処理口座チェック	作業時間削減	単純	現状業務
税	運用	軽自動車税廃車データ入力業務	作業時間削減	繁閑差	現状業務
税	試行	確定申告第二表データの補完業務（AI-OCR-RPA）	作業時間削減	単純	現状業務

業務プロセスとRPAの一致状況（注4）	RPA処理区分（注5）	評価（注6）	RPAツール	処理サイクル	件数（年間）	作業時間削減見込み（年間）	削減率（%）
一部処理	データ操作、入力、出力	その他	WinActor	月次		250.00	38.0
一部処理	入力	ミス削減／早い	NEC製RPA	日次			
一致	出力、HP	ミス削減／手を取られない	WinActor	日次			
追加処理	入力	ミス削減／手を取られない／早い	WinActor	日時	35,000	350.00	20.0
一致	入力	ミス削減／早い	WinActor	年次	1,500	22.00	90.0
追加処理	入力	ミス削減／早い	WinActor	日時	2,000	15.00	90.0
追加処理	入力	ミス削減／早い	WinActor	年次	500	10.00	10.0
一部処理 追加処理	入力	ミス削減／手を取られない／早い	WinActor	年次	55,000	745.00	約40%
一部処理	データ操作、HP		WinActor		不明	不明	
一部処理	入力		SynchRoid	随時	2,000	46.00	70.0
一部処理	入力		SynchRoid	随時	15,000	175.00	70.0
一部処理	入力		SynchRoid	随時	15,000	641.00	70.0
一部処理	データ操作、入力	手を取られない	NEC製RPA	月次	14,000	101.00	80.0
追加処理	データ操作、入力	手を取られない	NEC製RPA	月次	4,000	123.00	51.7
一部処理	データ操作		UiPath	随時	21,000	1,144.00	45.0

業務分野	予定・実績の別	業務名	目的（注1）	業務の特徴（注2）	抜本的な業務の見直し（注3）
税	運用	J-LISから取得したデータ（廃車のみ）を加工し、基幹システムに入力する	作業時間削減、品質向上、ミス防止	繁閑差	現状業務
税	運用	ふるさと納税受付業務	作業時間削減	単純	現状業務
税	運用	エクセルとオンラインとを接続し、オンライン操作を自動化	作業時間削減、品質向上、ミス防止	単純	現状業務
税	運用	軽自動車税申告書入力業務	作業時間削減	煩雑、単純	RPA化前
税	試行	非違事項連絡せんの添付課税資料の印刷	作業時間削減、引継ぎ	繁閑差、単純	RPA化前現状業務
税	試行	eLtaxにより提出された特別徴収異動届出書の入力作業	作業時間削減、引継ぎ	繁閑差、単純	現状業務
税	試行	市・府民税の0円申告情報の入力業務	作業時間削減、ミス防止	繁閑差、単純	現状業務
税	試行	ワンストップ特例関係処理業務	作業時間削減、ミス防止	煩雑、スピード	現状業務
税		みなす申告の入力	作業時間削減	単純	現状業務
税	運用	給与支払報告書の入力業務	作業時間削減	繁閑差、単純	現状業務
税	運用	住民税申告書の入力業務	作業時間削減	繁閑差、単純	現状業務
税	予定		作業時間削減	単純	RPA化時
税	運用	課税業務にかかる入力業務	作業時間削減	繁閑差、単純	現状業務

業務プロセスとRPAの一致状況（注4）	RPA処理区分（注5）	評価（注6）	RPAツール	処理サイクル	件数（年間）	作業時間削減見込み（年間）	削減率（%）
一致	データ操作、入力	手を取られない	WinActor		42,000	360.00	90.0
一部処理	データ操作	手を取られない	WinActor	月次	52	8.00	100.0
一致	データ操作、入力、出力	ミス削減／手を取られない／早い	Excel マクロ	日次、月次、年次、随時		1,090.00	
追加処理	入力	ミス削減／早い	WinActor	随時	13,000	133.00	67.0
一致	データ操作、入力、出力	ミス削減／早い	富士通製RPA	随時	661		
追加処理	データ操作、入力	ミス削減／早い	富士通製RPA	随時	50		
一部処理	データ操作、入力	ミス削減／手を取られない	WinActor	年次	1,330	9.20	31.2
一部処理	データ操作、入力	ミス削減／早い	WinActor	随時	3,000	200.00	40.0
一部処理	入力	手を取られない	UiPath	随時	780	183.00	70.0
一部処理	データ操作、入力	手を取られない／早い	WinActor	年次	2,000	100.00	検証中
一部処理	データ操作、入力	手を取られない／早い	WinActor	年次	225	3.50	検証中
一致	データ操作、入力、出力		UiPath	年次	2,000	67.00	100.0
一部処理	データ操作、入力	早い	WinActor	年次		500.00	

業務分野	予定・実績の別	業務名	目的（注1）	業務の特徴（注2）	抜本的な業務の見直し（注3）
税	試行	税滞納者の預金状況を照会し、照会結果を結果記録に転記する作業の一部を自動化	作業時間削減、品質向上、ミス防止	煩雑、単純	現状業務
税	運用	特徴異動処理	作業時間削減、品質向上、ミス防止	単純	現状業務
税	試行	eLtaxによる法人市民税申告書の課税台帳化	作業時間削減	単純	現状業務
税	試行	税証明書等の収入に係る調定調書の作成	作業時間削減	単純	RPA化時
税	運用	課税情報チェックリスト作成処理	作業時間削減、品質向上、ミス防止	単純	現状業務
税	運用	過誤納還付未整理リスト作成及び還付入力処理	作業時間削減、品質向上、ミス防止	単純	現状業務
税	試行	県外転出車両の廃車データ入力業務	作業時間削減、品質向上、ミス防止	煩雑、スピード	現状業務
税	試行	システムへのデータ入力（税務）	#N/A	煩雑、単純	現状業務
税	試行	電子申告の審査・印刷業務	作業時間削減	単純	現状業務
税	運用	徴収方法の変更	作業時間削減	単純	現状業務
税	運用	法定資料の個人特定作業	作業時間削減	煩雑	現状業務
税	運用	軽自動車税賦課業務	作業時間削減、その他	煩雑	RPA化時
税	試行	市県民税特別徴収異動届入力業務	作業時間削減	単純	RPA化時

業務プロセスとRPAの一致状況（注4）	RPA処理区分（注5）	評価（注6）	RPAツール	処理サイクル	件数（年間）	作業時間削減見込み（年間）	削減率（%）
一部処理	データ操作、入力、出力	ミス削減／手を取られない／早い	WinActor	月次	24,000	1,400.00	96.0
一部処理	データ操作、入力、出力	ミス削減／手を取られない／早い	BizRobo!	月次	12	36.00	75.0
追加処理	データ操作、入力		BizRobo!mini	随時	4,000	1,000.00	
追加処理	データ操作、入力、出力		BizRobo!mini	日時	最大 60,000	最大 15,000.00	
一部処理	データ操作、入力、出力	ミス削減／手を取られない／早い	BizRobo!	随時	20	33.00	56.0
一部処理	データ操作、入力、出力	ミス削減／手を取られない／早い	BizRobo!	日時	8,600	110.00	92.0
一致	データ操作、入力	ミス削減／手を取られない／早い	富士通製RPA	月次	420	168.00	96.6
一部処理	データ操作、入力	ミス削減／手を取られない／早い	WinActor	随時	100	58.30	70.0
一致	出力	手を取られない	WinActor	随時	17,500	146.00	100.0
一部処理	データ操作、入力	手を取られない／早い	NEC製RPA	随時	17,100		
一部処理	データ操作	手を取られない／早い	NEC製RPA	随時	9,698	63.90	76.5
一部処理	データ操作、入力	手を取られない	WinActor	月次		1,014.00	75.0
追加処理	データ操作、入力、出力	手を取られない	BluePrism	随時	3,600	205.00	52.0

業務分野	予定・実績の別	業務名	目的（注1）	業務の特徴（注2）	抜本的な業務の見直し（注3）
税	予定	eLTAX 指定番号特定・付番業務	作業時間削減	単純	現状業務
総合窓口	運用	来庁者数統計	作業時間削減	単純	現状業務
環境・ごみ	運用	エコオフィス活動の集計業務	作業時間削減	繁閑差	現状業務
災害対応	試行	県防災 Web 雨量観測データ自動取得処理	作業時間削減、品質向上	スピード	RPA 化前
災害対応	試行	災害対策本部での雨量等資料作成業務	作業時間削減、ミス防止	単純	現状業務
その他	試行	公共料金等一括支払いに係る施設マイナンバー入力業務	作業時間削減	単純	現状業務
その他	試行	市税科目別収納業務	作業時間削減	単純	現状業務
その他	試行	日計表作成業務	作業時間削減	単純	現状業務
その他	運用	職員の出退勤管理業務	作業時間削減、ミス防止	単純	現状業務
その他	運用	契約業務	作業時間削減、ミス防止	煩雑	現状業務
その他	運用	議員登庁状況確認	作業時間削減	その他	RPA 化前
その他（統計）	運用	統計：集計業務	作業時間削減	煩雑	RPA 化前
その他	試行	加入事業者から申請される慶弔給付金データの入力業務	作業時間削減、品質向上、ミス防止	単純	RPA 化時
その他	運用	ホームページ利用者アンケート集計	作業時間削減	単純	現状業務

業務プロセスとRPAの一致状況（注4）	RPA処理区分（注5）	評価（注6）	RPAツール	処理サイクル	件数（年間）	作業時間削減見込み（年間）	削減率（%）
一致	データ操作	手を取られない	BluePrism	随時	22,000	90.00	90.0
一部処理	データ操作	ミス削減／手を取られない／早い	Automation Anywhere	月次	360	15.00	95.0
一部処理	データ操作、入力	手を取られない	NEC製RPA	年次	4,400	80.00	
追加処理	データ操作、出力	ミス削減／手を取られない／早い	BizRobo!	随時	10	10.00	99.0
一致	データ操作、入力、出力	手を取られない	WinActor	随時			
一部処理	入力		WinActor			250.00	
一致	データ操作		WinActor	日次	240	238.00	
一致	データ操作		WinActor	日次	240	12.00	
一部処理		ミス削減／手を取られない	WinActor	随時		1,000.00	
一部処理	データ操作	手を取られない／早い	WinActor	随時		275.00	
一致	データ操作	手を取られない	WinActor	日時	2,800	93.00	100.0
一致	データ操作	早い	WinActor	月次	12	16.00	
一部処理	データ操作、入力	ミス削減／手を取られない／早い	富士通製RPA	月次	100	40.00	95.2
一部処理	データ操作、入力、出力、HP	ミス削減／手を取られない／早い	Automation Anywhere	月次	42,000	711.00	99.0

業務分野	予定・実績の別	業　務　名	目　的（注１）	業務の特徴（注２）	抜本的な業務の見直し（注３）
その他	運用	広聴ホームページコンテンツ作成	作業時間削減、ミス防止	単純	現状業務
その他	運用	広報誌アンケート集計	作業時間削減	単純	現状業務
その他	運用	LINE 公式アカウントチャート管理	作業時間削減	単純	現状業務
その他（支払）	試行	賃金支払	作業時間削減、ミス防止、抑制	煩雑、単純	RPA 化時
その他（集計）	試行	賃金確認	作業時間削減、ミス防止、抑制	単純	RPA 化時
その他（消込）	試行	料金データ取り込み	作業時間削減、ミス防止、抑制	単純	RPA 化時
その他（内部事務）	予定	ユーザー登録申請に基づくアカウント登録及び権限付与	作業時間削減	繁閑差、単純	RPA 化前
その他（入力）	試行	全国農地ナビ入力	作業時間削減、ミス防止	繁閑差、煩雑	RPA 化時
その他（広報）	試行	公式ホームページにおける SNS からの特定情報の公開業務	作業時間削減、ミス防止	煩雑、スピード	現状業務
その他（広報）	試行	市ホームページへの掲載事務	作業時間削減	単純	現状業務
その他（財産管理）	試行	庁内照会関係事務（公の施設調査（年次）、庁内照会の回答集約（随時））	作業時間削減	煩雑	現状業務
その他（ふるさと納税）	試行	ふるさと納税関連業務	作業時間削減	煩雑	現状業務
その他	運用	ふるさと納税業務	作業時間削減	単純	RPA 化時

業務プロセスとRPAの一致状況（注4）	RPA処理区分（注5）	評価（注6）	RPAツール	処理サイクル	件数（年間）	作業時間削減見込み（年間）	削減率（%）
一部処理	データ操作、入力、HP	ミス削減／手を取られない／早い	Automation Anywhere	月次	120	39.00	40.0
一部処理	データ操作	ミス削減／手を取られない／早い	Automation Anywhere	月次	1,440	23.00	22.0
一部処理	データ操作、出力、HP	ミス削減／手を取られない／早い	Automation Anywhere	月次	1,800	14.00	99.0
不明	データ操作、入力、出力		未定	月次	1,320	不明	
不明	データ操作、入力		未定	月次	400	不明	
不明	データ操作、入力		未定		未確認	不明	
追加処理	データ操作、入力		NEC製RPA	随時	1,329	135.87	100.0
不明	データ操作、入力		未定	随時	2,000	不明	
一部処理	データ操作、入力、HP	ミス削減／手を取られない	WinActor	随時	680	158.70	73.7
一部処理	データ操作、入力	手を取られない／早い	WinActor	月次	720	144.00	60.0
一致	データ操作、メール	手を取られない	WinActor	年次随時	9	45.00	100.0
一部処理	データ操作、入力	手を取られない／早い	WinActor	随時	1,000	127.40	51.4
一致	データ操作、出力	手を取られない	BluePrism	随時	10,000	368.50	70.0

注記のカッコ内は略称を示す。

（注1）　目的:作業時間削減、作業品質向上（品質向上）、人為ミス防止（ミス防止）、業務引継ぎ円滑化（引継ぎ）、基幹システム等改修費抑制（抑制）、その他

（注2）　業務の特徴:繁閑の差が大きい（繁閑差）、煩雑な処理が多い（煩雑）、単純な処理が多い（単純）、スピード優先業務（スピード）、その他

（注3）　抜本的な業務見直し（BPR）：RPA化前に業務見直し（RPA化前）、RPA化時に業務フローの大幅見直し（RPA化時）、現状業務をRPA化（現状業務）

（注4）　業務プロセスとRPAの一致状況：①一致、②RPA化は連続業務の一部（一部処理）、③RPA処理前後に追加処理（追加処理）、④その他

（注5）　RPA処理区分:データ操作（コピー&ペースト、加工、修正）（データ操作）、入力・登録（入力）、出力・印刷（PDF化を含む）（出力）、メール作業（受信、仕分け、保存、送信）（メール）、ホームページの検索・照会（HP）、その他

（注6）　評価：操作ミスの削減（ミス削減）、作業時間中に手を取られない（手を取られない）、早い時間（スピーディ）に処理（早い）、その他

〔編著者紹介〕
〈編著者〉津田　博（つだ ひろし）
香川県出身。近畿大学経営学部教授。住宅メーカー、滋賀県庁、福井県庁勤務を経て現職。その間、情報システムの企画・開発・運用及び調達を担当。現在、自治体情報化の研究に従事。博士（経営情報学）、技術士（情報工学部門）。
担当：第1章、第2章、第6章

〈著　者〉森　正治（もり まさはる）
元東大阪市情報政策監（CIO 補佐官）。京都大学工学部数理工学科卒。大手都市ガス会社のIT 部門で、運用技術、全社情報化企画等を担当。IT 経営コンサルタントを経て、2010 年東大阪市情報政策監に着任。システム最適化、IT ガバナンスの構築などを主導。現在 NPO 情報化連携推進機構理事。IT コーディネーター、システム監査技術者
担当：第3章、第4章、第5章

事例でわかる！ ここまでできる！
自治体の実践 RPA

2020年5月25日　初版発行

編著者　津田　博
発行者　佐久間重嘉
発行所　学陽書房

〒102-0072　東京都千代田区飯田橋1-9-3
営業／電話　03-3261-1111　FAX　03-5211-3300
振替　00170-4-84240
編集／電話　03-3261-1112　FAX　03-5211-3301

DTP 制作・印刷／東光整版印刷　製本／東京美術紙工

ISBN 978-4-313-16163-4　C3036
乱丁・落丁本は、送料小社負担にてお取り替えいたします。

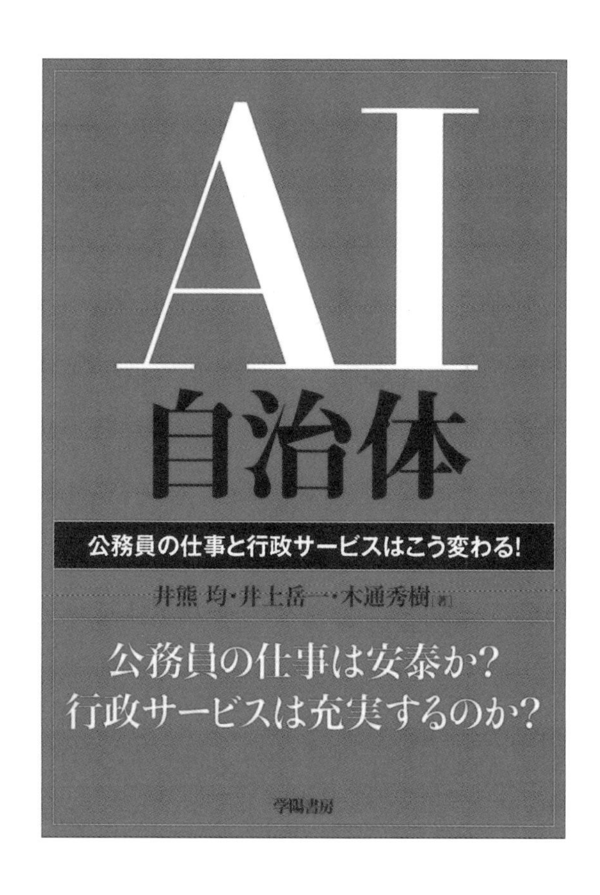

ＡＩ自治体

井熊均　井上岳一　木通秀樹［著］

A5判並製176頁　定価＝本体2,100円＋税

ＡＩ技術の進化によって、自治体の仕事が変わらざるを得ない点や様々な自治体実務・行政サービスに適用可能な点、今後の自治体像などについて解説。実用段階に入った技術を紹介し、自治体の導入事例や業務別の活用方法も示す！